国語授業アイデア事典

深い学び **対話的な学び** **主体的な学び** の過程を重視した

小学校国語科
アクティブ・
ラーニング型
授業スタートブック

樺山敏郎 編著

明治図書

はじめに

　21世紀、今後更にグローバル化や情報化が進み、変化が速くて先が見えにくい時代が待ち受けている。そのような時代の変化に受け身でなく、一人一人が自らの可能性を最大限に発揮しながら自立し、他者とよりよく協働し、そして新たな価値を創造することで、自他共に幸福な人生を送ることができるような教育が求められる。

　そのためには、教育目標、教育内容、教育方法といった観点から現代の課題を捉え、未来に向けた教育の在り方を検討していくことが重要である。とりわけ、子供の視座に立ち、育成すべき資質や能力の要素を共有する必要がある。今後は、各教科等の文脈の中で身に付けていく力と、教科横断的に身に付けていく力とを相互に関連付けながら、子供たちのよりよい成長を希求していくことが重要である。その要素として、「何を知っているか、何ができるか」という個別の知識や技能を体系化すること、「知っていること・できることをどう使うか」という思考力・判断力・表現力等を重視すること、さらには、「どのように社会・世界と関わり、よりよい人生を送るか」という学びに向かう力や人間性等を育むことの重要性が叫ばれている。

　そうした中、アクティブ・ラーニング（以下、ALと省略する場合がある）が注目されている。これは、今後育成すべき資質や能力を育むために、学びの量とともに質や深まりが重要であるという時代の認識のもと、子供たちが「どのように学ぶか」についての検討の中から提示された用語である。それは、「主体的・協働的な学び」と和訳され、前述した資質や能力の育成を目指す教育方法の側面からのアプローチと捉えることができる。

　アクティブ・ラーニングは、平成20年版学習指導要領において一丁目一番地とされた、言語活動の充実の延長戦上にある理念である。言語活動が充実すれば、自ずとラーニングはアクティブになる。言語に関する能力を育成することは不易である。今後更に言語生活に生きて働き、各教科等の学習の基本ともなる言葉の力を身に付けることは引き続き重要である。

本書では、このような考えのもと、小学校国語科におけるアクティブ・ラーニング型の授業をどのように構想していけばいいかといった、学校現場の悩みに応えるよう努めた。

　Part1では、「AL型国語授業スタートのために」という見出しで、国語授業をつくっていくための基本的な考え方を論述した。ここでは、まず、自立・協働・創造を志向する国語教室づくりが基盤であることを述べた。その上で、「深い学び」や「対話的な学び」、そして「主体的な学び」のそれぞれの過程の学びの統合を意図し、学びの文脈を創ることを唱えた。

　Part2では、Part1を踏まえた自立・協働・創造を志向する国語教室づくりのための具体的な手立てをまとめた。

　Part3・4・5では、学びの文脈を創る上で基本となる「深い学び」の過程、「対話的な学び」の過程、「主体的な学び」の過程、それぞれを重視したAL型国語授業づくりのポイントや具体的な実践事例を提示した。それぞれのPartの中を五つの小見出しに分けているが、これらは小学校現場における国語授業の現実的な課題であると捉えている。

　小学校においては、アクティブ・ラーニングは従前より行われているとの見解がある。果たしてそれはどのような根拠や理由に基づくものであろうか。客観的なデータは存在しているのだろうか。中学校や高等学校、大学においても、アクティブ・ラーニングに向けた取組は鋭意行われている。筆者も大学教員として、学生らによる授業評価アンケートを自己省察の資料として受け止めながら、アクティブに学ぶ学生をどのように育成するか、またそれを実現できる授業をどのように創っていけばよいかを日々模索している。

　読者のアクティブ・ラーニングに寄与できれば幸いである。本書の刊行に当たり、明治図書の木山様には企画の段階からご尽力をいただいた。記して、感謝の気持ちを表したい。

2016年6月

樺山敏郎

Contents

はじめに　3

Part 1
アクティブ・ラーニング型国語授業スタートのために

1. 自立・協働・創造を志向する国語教室づくり ……… 8
2. 学びの文脈を創る国語授業づくり ……… 10
3. 深い学びの過程を重視した AL 型国語授業づくり ……… 12
4. 対話的な学びの過程を重視した AL 型国語授業づくり ……… 14
5. 主体的な学びの過程を重視した AL 型国語授業づくり ……… 16

Part 2
自立・協働・創造を志向する国語教室づくり

1. 学習環境の整備 ……… 20
2. 学習形態の工夫 ……… 22
3. 教材研究の仕方 ……… 24
4. 学校図書館との連携 ……… 26
5. 家庭との連携 ……… 28

Part 3
深い学びの過程を重視した
アクティブ・ラーニング型国語授業づくり

1. 言語活動を通した指導事項の習得と活用 ……………………… 32
2. 国語科における問題解決的な学習指導の充実 ………………… 38
3. 単元の導入段階での動機付けの工夫 …………………………… 44
4. 教えることと考えさせることの均衡 …………………………… 50
5. 思考や判断を可視化する記述力の育成 ………………………… 56

Part 4
対話的な学びの過程を重視した
アクティブ・ラーニング型国語授業づくり

1. 自己との対話の重視 ……………………………………………… 64
2. 読みの深化を図る書き手との対話 ……………………………… 70
3. 子供同士の話合いの活性化 ……………………………………… 76
4. 話合いを成功に導くポイント …………………………………… 82
5. 質の高い話合いを実現する手立て ……………………………… 88

Part 5
主体的な学びの過程を重視した
アクティブ・ラーニング型国語授業づくり

1 国語科における見通しの充実 96

2 遅れがちな子供への対応 102

3 試行錯誤や思考の停滞への対応 108

4 習得したことの自覚化と共有化 114

5 実生活や実社会での言語体験の充実 120

おわりに 126

引用・参考文献 127

Part 1

アクティブ・ラーニング型
国語授業スタートのために

1 自立・協働・創造を志向する国語教室づくり

　国語教室とは、国語科学習において習得した能力が各教科等の学習に活用され、それらが学習以外の生活場面においても確かで豊かな言葉が響き合う教室空間をイメージしている。国語教室づくりとは、人と人の心を言葉でつなぐ学級づくりともいえる。そのような国語教室が今後更に自立・協働・創造を志向することにより、教室から一歩外に出た学校での生活、家庭や様々な地域での生活においても確かで豊かな言葉がそこを包み込み、ひいては言葉を通した感性や情緒を育むことにつながるものと考える。

自立を志向する国語教室づくり

　自立とは、自分一人の力だけで物事を行うことを大意とする。国語教室における自立とは、子供一人一人が言葉の主体的な使い手になることと捉える。自立を志向する国語教室に必要なものは、確かで豊かな言葉の力の獲得を志向する成員の育成である。それは、教師の働きかけに大きく左右される。子供には言葉を学ぼうとする意欲や関心の面で差を生じさせたくはない。そのために教師は、国語教室の中で取り上げようとする話題や題材等について興味や関心を高めるとともに、言葉に関する子供たちの現状から問題を発見させたり、今後必要となる言葉の力を想定させたりすることが大切である。また、身に付けようとする能力を明確にするとともに、目標達成への見通しや振り返りなどの学習活動の活性化を図ることが重要である。自立の志向は、子供一人一人が自信をもって言葉を発することへつながる。

協働を志向する国語教室づくり

　協働という語は、よりよい地域社会づくり等の目的のために力を合わせる際などに使われる。国語教室は、確かで豊かな言葉の力を高めようとする目的に向かう協働の場でなければならない。協働を志向する国語教室に必要なものは、自立した成員による互いの立場や考えを尊重する態度や伝え合う力である。そのためには、進んで他者に関わろうとする意欲はもとより、自分の考えを分かりやすく表現する能力や態度の育成が重要である。また、一方的に伝えるのでなく、相手の考えを理解しようと受容的な態度で聞くことも疎かにしてはならない。伝え合う場において、言葉の正誤や適否などを検討する際、相手、目的や意図、場面や状況に応じたものかどうかが重要な観点となる。また、言葉の美醜といった言語感覚を吟味することも重要である。

創造を志向する国語教室づくり

　創造とは、自立や協働を志向する中で原型や原本とは異なる別の表現をつくり出すことであり、これまでにない新たな価値を生み出すことと捉える。それは自己を形成し、社会を形成することであり、また社会生活をよりよく向上させ、言語文化を継承していくことにつながる。国語教室は小さな社会ではあるが、新しい時代を切り拓いていく源の場、実の場であると考える。国語教室には、言葉の力を通してよりよい未来を創造することが期待されている。それは、国語教育が担うべき責務でもある。

　Part2「自立・協働・創造を志向する国語教室づくり」では、アクティブ・ラーニング型国語授業の基盤となる国語教室づくりの観点として、「学習環境の整備」「学習形態の工夫」「教材研究の仕方」「学校図書館との連携」「家庭との連携」の五つを取り上げ、それらの具体的な実践例を紹介した。国語授業内外での取組の調和や言語環境の整備を図ることなどが重要である。

2 学びの文脈を創る国語授業づくり

　文脈とは、文中の語の意味や文章中の文と文との続きぐあいのことを指す。「学び」という概念で捉えた場合、それは学びの連続性や発展性のことである。その文脈を創るには、語と語、文と文のように、何と何をどのようにつないでいくかを自覚する必要がある。

　国語授業では、下のような枠組みを意識して、そこで付けたい能力や学ぶ内容、方法に連続性や発展性をもたせることが大切である。

単位時間内
　…導入・展開・終末の各段階のつながり（子供の活動や意識の流れ）
▼
単元内
　…前時と本時、本時と次時のつながり（単元内における本時の位置付け）
▼
単元間
　…単元間のつながり（例：学年内で複数配列される物語の系統性　等）
領域間
　…３領域間のつながり（例：説明を話す、書く、読むといった関係性　等）
学年間
　…学年間のつながり（例：文章構成や場面展開の指導の系統性　等）
各教科等間
　…国語科と各教科等のつながり（例：資料を使った発表力や図解力　等）
言語生活
　…国語科と実生活とのつながり（例：礼状、依頼状、報告、案内　等）

下位へ向かうほど学びの場や枠組みが広範になるが、そのつながりを意識してこそ生きて働く国語の能力が育成される。授業の要は、これらの関係付けを意識することであり、そのことが学びの文脈を創ることにつながる。学びの文脈を創るには、様々な枠組みにおけるつながりを子供たち自身が意識しながら、分かりたいという知的な欲求やできるようになりたいという願望、他者に伝えたいという表現意欲を学びの基軸とした適切な目標や課題が設定されているか、その達成や課題解決のために自立・協働・創造を志向する学びが実現しているかなどについて検討することが大切である。

次は、文部科学省が提示したアクティブ・ラーニングを推進する不断の見直しの視点である（注１）。ここに含まれるキーワードに即して学びの文脈を創ることについて論を進める。

- ⅰ）習得・活用・探究という学びプロセスの中で、問題発見・解決を念頭に置いた深い学びの過程が実現できているかどうか。
- ⅱ）他者との協働や外界との相互作用を通じて、自らの考えを広げ深める、対話的な学びの過程が実現できているかどうか。
- ⅲ）子供たちが見通しを持って粘り強く取り組み、自らの学習活動を振り返って次につなげる、主体的な学びの過程が実現できているかどうか。

ここには三つの学びの過程がキーワード化されている。これらについては、個別の検討とともに、三つの学びの有機的な関係付けや統合を図ることが重要である（図１）。なぜなら、「深い学び」が実現できたとしても、「対話的な学び」や「主体的な学び」は欠落している場合などがあるからである。例えば、授業が終始個別の形態のみで展開されたり、教師をはじめとした第三者から「まだ掘れ、深く掘れ」といった要求に合わせたりするような場面である。「深い学び」が、他律的な学びでは寂しい。次項からの**3 4 5**では、三つの学びの過程を重視した国語授業づくりについて論じる。

図１　学びの文脈を創る、三つの学びの過程の統合

3 深い学びの過程を重視した AL 型国語授業づくり

　深い学びの過程について検討するには、「習得・活用・探究」という概念の整理が必要である。「習得・活用・探究」は、基本的な学習プロセスであるとともに、サイクル（循環）を基本として捉えることが重要であると考える。サイクル（循環）とは、一巡りして元へ戻ることを繰り返すことである。ある行為や活動を螺旋的・反復的に繰り返すことにより、能力は系統的・段階的に高まることが期待できる。「習得・活用・探究」の学習活動は、それぞれの活動が関与しながら、幾重にもなってスパイラル（らせん状）に向上するサイクル（循環）の過程を重視したい。一般的には、知識や技能の習得を出発し、それらを活用させながら習得の定着や安定が図られる。習得と活用とを有機的に関係付けることで、基礎的・基本的な知識・技能は更新され、その量の増大や質の向上を図ることができる。併せて、思考力・判断力・表現力も向上する。

　では、探究の位置付けはどうなるだろうか。習得と活用とを循環させながら、それらを上昇させ拡大させるエンジンと捉える。主体的な学びを促進する上で、エンジンとなる探究は欠かせない。学びの主体者に内蔵されているエンジンがかかるとき、習得と活用は加速する（図2）。

　探究というエンジンの性能によって習得と活用の加速が違ってくる。性能を向上させるために教師の役割は大きい。教師による内発的な動機付けの工夫が必要である。効果的な動機付けは、問題解決への主体的な学習意欲を高め、他者と協働して学ぶ姿勢を育む。サイクル（循環）を回す上で、重要かつ不可欠な探究という観点については、これまで以上に具体的な手立てを講じることが大切である。

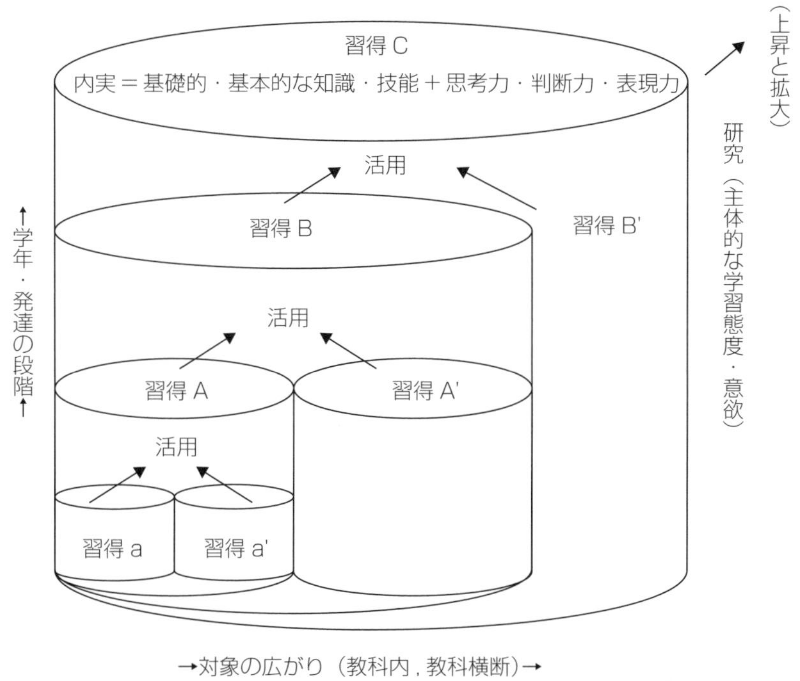

図2 「習得・活用・探究」サイクル（循環）のイメージ
〜螺旋的・反復的な繰り返しによる系統的・段階的な発展・向上〜

　国語科の指導内容は、螺旋的・反復的に繰り返しながら能力の定着を図ることを基本としている。つまり、習得と活用とが分かち難く、双方向に影響し合うという教科の特質がある。ただし、小学校低学年では、基礎的・基本的な知識・技能の面については各教科等にわたる不可欠な基盤となることなどから、その習得に傾斜をかける。そして、学年や発達が進むにつれて、段階的に活用の幅や割合が広がるように指導を構想するのである。また、基礎的・基本的な知識や技能は、繰り返し活用して剥落しないように、その状況の確認と更新を自覚的に行うことも大切である。

　深い学びの過程を重視した国語授業の実践事例は、Part３に掲載した。

4 対話的な学びの過程を重視した AL型国語授業づくり

　対話的な学びの過程について検討するには、対話する価値や対象、内容の吟味が必要である。それらに応じて対話の方法や形態等は工夫されるものである。対話する価値は様々であるが、3点に絞って整理する。

伝え合い、感じ合い、理解し合う態度の育成

　対話とは、主として言葉を使って人と人とが心を通わせたり、理解し合ったり、課題を解決したりすることである。具体的な活動場面においては、話を聞いて人の気持ちに寄り添ったり、その考えを理解し合ったり、異なる点があれば相手によく分かるように冷静に説明したり、検討したりすることによって問題をよりよい方向に導いていくことである。すなわち、対話の価値には、人と人とが伝え合う、感じ合う、理解し合う態度を育成するという側面がある。

双方向の総合的な言語能力の育成

　対話は、他者と積極的に交わろうとする態度を基盤にし、言葉を通して個のものの見方や考え方を高めることができる。そこには、音声言語のみならず文字言語も含めた総合的な言語能力が求められ、「話すこと・聞くこと」「書くこと」「読むこと」の言語活動の有機的な関連付けが必要となる。留意すべきは、音声言語の場合でも文字言語の場合でも、双方向的な言語活動を重視することである。他者への一方的な伝達能力ではなく、表現者は理解者の立場を思いやり、理解しやすいように発信し、そして、理解者は表現者の

考え方や立場を尊重して受信するなど互いの心を通じ合わせることが大切となる。

生きる力の礎となり、共同体をよりよく変える能力の育成

　自分のよさや可能性を発揮し、他と調和しながら共によりよく生きる力の中核となるものは、やはり豊かな言葉の交流である。また、国際化・情報化が更に加速していくこれからの社会を生きていくために欠かすことができないのが、対話である。それが協働の理念につながる。言語生活の中で情報を的確に活用し、人々との対話を通して課題を解決しながら、共同体をよりよく変えていくことが対話の価値である。

　次に、授業場面における対話を考える。授業とは、教材、自己、そして他者との対話によって成立する。次に、国語科の「読むこと」領域における対話の構造を下記に示す（図3）。

```
教材：テキスト（本や文章）※テキストには書き手が存在する
   ▲   …A-1（テキストとの対話）A-2（書き手との対話）
  自己  …B（自己との対話）
   ▼   …C（他者との対話）
  他者
```

図3　「読むこと」領域における対話の構造

　読むという行為の要となる、本や文章の解釈とは、自己の生活体験や読書経験などを踏まえ、文章の内容や構造、特徴を理解したり、書き手の意図を推論したりしながら、自分のものの見方、生き方や在り方といった意味や価値を見いだしていくことと捉えている。それらを教育計画の基に、意図的に指導するのが教師であり、国語教師は国語教室の最も有能な読者であるために深い教材研究をし、必要な補助的なテキストを用意し、自己との対話や子供同士の対話が効果的なものになるような働きかけを行うのである。

　対話的な学びを重視した国語授業の実践事例は、Part4に掲載した。

5 主体的な学びの過程を重視した AL型国語授業づくり

　主体的な学びの過程について検討するには、「見通しと振り返り」という概念の整理が必要である。授業の冒頭で学習全体の見通しをもつ場や授業の最後に子供が授業で学習した内容を振り返る機会を設けることは重要である。そのことが家庭においても子供自身で学習の見通しを立てて予習したり、学習した内容を振り返って復習したりする習慣の確立につながることが期待される。全国学力・学習状況調査（以下、全国調査と言う。）の平成25年度結果に基づく「見通しと振り返り」の学習活動と学力との関係をみると、それらを積極的に行った学校ほど教科の平均正答率、A及びB問題ぞれぞれの平均正答率が高い傾向にあることが明らかになっている（図4）。

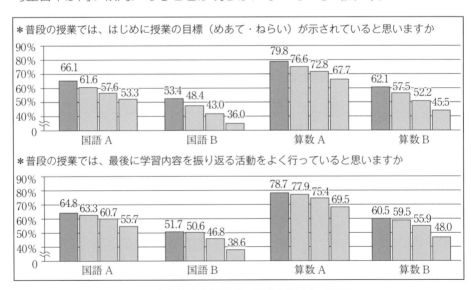

図4　見通しと振り返りの活動と学力との関係
（『平成25年度全国学力・学習状況調査報告書 質問紙調査』平成25年8月 文部科学省国立教育政策研究所）

「見通しと振り返り」は、子供主体が理想であるが、それらを子供がどれほど効果的に行うことができるだろうか。

「見通し」については、ある意味、未知なる世界に中身を描いていく部分があり、それに対してどれほど子供たちが主体に関与できるのだろうかという点で限界はある。国語科以外の教科の現状はどうであろうか。算数科では試行を繰り返して問題を焦点化したり、理科では問題に対する予想や仮説を基に観察や実験の方途を検討したりして見通しを立てる。これらには子供たちが見通しをもつまでの教師側の手立てが工夫されている。教師には年間の見通しの中で単元の目標を明確にし、それを達成するための内容と方法を全体計画として構想し、さらに一単位時間の計画を作成する必要がある。国語授業においても主体者である子供たちに、教師と同じような思考の筋道を辿らせることも重要ではないか。学びを創っていく主体である子供たちに学習全体をデザインする能力を育成する必要がある。具体的には、教師の指導や支援の下、子供たちによって学習内容や方法、手順、時間配分、役割などについて協議する場を大切にする。もちろん、発達の段階を考慮しながらである。そして、子供たちの要求の全てが決定されることをよしとするわけでもない。要は、子供たちが見通しをもつ力を高めることで、単元のゴールを想定しながら学びの進捗状況を自ら評価したり、調整したりできるようになる。

一方、「振り返り」については、単元や一単位時間の終末部において、獲得した国語の能力を自覚化したり共有化したりする手立てを講じることが重要である。具体的には、子供たち自身が学習前に習得していた能力と学習後において新たに習得した能力とを整理することが大切である。これはメタ認知能力を育成することにつながる。メタ認知には、①自分の能力がどれくらいか予測する、②自分が何をなすべきか知っている（何をすれば最適な結果に至るかが分かる）、③問題解決と実行過程を目標との関連で点検し調節する、などの観点が含まれると考えられる。これらを観点とした評価活動の充実を図ることが重要である。

主体的な学びを重視した国語授業の実践事例は、Part 5 に掲載した。

Part 2

自立・協働・創造を志向する国語教室づくり

学習環境の整備

　子供が見通しをもって取り組むことにつながる板書計画と、国語の授業時間内に留まることなく、進んで文章を読み、自ら習得・活用していくための手立てとなる教室環境づくりの実践について述べる。

子供が見通しをもって課題に取り組むことのできる板書

　１時間の授業時間の流れの見通しを、教師だけでなく子供がもつことは大切である。見通しをもつことにより、子供は自ら考え活動し、主体的に学習に取り組むことができる。また、その時間の学習課題と身に付けたい力（ゴール）を明確に捉え、学習活動に参加することができる。板書には、学習学習指導における過程を大きく五つの段階に分けて、それらの内容を構造化することが大切である。5段階とは、①目標（プラス学習課題）　②一人で　③みんなで　④まとめ　⑤振り返り　である。

5段階の学習過程はラミネートした短冊を使用。短冊の下には時間の明示。(例：みんなで10：00〜10：10)また、黒板にはデジタルタイマーを設置。

２年生「同じところちがうところ」

　この5段階での学習過程を基本とし、それぞれの学習活動の時間も板書の一部に明示することにより、子供は一単位時間の見通しをもち、時間を有効に使って、主体的に学習に取り組むことができる。特に板書の要となる、③

みんなで（＝交流）の段階での思考や表現の可視化や構造化により、子供が協働的に考えを広げたり、深めたりする学習活動が活発化される。

子供を国語の世界に引き込む教室環境

　交流の場面においては、一単位時間の授業時間内においてもペアや少人数のグループなど学習形態が変化する。子供が主体的に活動するための板書づくりはもちろんであるが、子供がどの学習形態になったとしても（顔や体がどの向きになっても）、それまでの思考が遮断されず、国語の世界に浸っているような教室環境づくりが大切である。

　例えば、物語文の学習であれば、教室の側面には同じ作家の物語を視写したものを掲示しておく。それは、作品の拡大印刷でなく、温もりのある手書きの物がお勧めである。視写したものに挿絵が入っていたり、教室の一角に具体物があったりすると、児童が更に物語世界へのイメージを膨らませることができるであろう。

　また、単元の見通しをもつための①学習計画表　②学習の足跡（振り返りやワークシートなど、子供の書いたものがあるとよい）の掲示も欠かすことはできない。教室の内側360度が板書であるような意識をもち、学習環境を整えていくことが大切である。

　更に、教室内に国語コーナーを常時設置し、既習内容のポイントを子供がすぐに確認できるようにし、学習や生活に活かせるようにしたい。また、並行読書のための本を集めた図書コーナー（学級文庫とは別に作家別やテーマ別に本を用意）の設置も子供の自ら学ぶ意欲を高めるのに効果的である。

読書環境の充実（並行読書）

2 学習形態の工夫

　子供たちの学習活動をより主体的・協働的なものにするために、学習形態を工夫することが大切である。そこで、児童に様々な学習形態を経験させ、特にグループワークのよさを実感させる。そして、子供たち自らが必要に応じて学習形態を選択し、課題解決に取り組めるようにすることが重要である。

グループワークのよさ

　グループワークを行うときの利点は、分からなかったことが分かるようになったり、新しい考えにふれ、思考が高まったりすることである。例えば、「どうしてもこの先が分からないから誰かに相談したい。」「この考えをもっとよくするにはどうしたらいいか、アドバイスをもらいたい。」「他のみんなはどう思っているかを知りたい。」という場合である。「自分一人では解決できなかった問題を友達と交流したら解決できた。」と実感させることが大切である。そのために、日頃から様々な場面で交流の機会を設定し、課題解決の経験を積ませる。そして何より重要なことは、交流場面で、みんなが参加でき、色々な考えを認め、受け入れ、何でも言えるという学級の雰囲気づくりである。

基本的な4人グループでの交流

グループワークの手順と手立て

　グループワークは、まず、基本的な学習形態を確認することから始める。ペアや４人グループ、コの字型の全体交流など、机の配置を工夫すると、教室が新しい学びの場になる。学習形態は、児童に選択させて比較検討を行うようにすることも考えられる。この時大切にしたいことは、教師が寛容な姿勢で臨み、行ってみてどうだったかを必ず子供たちと共に振り返ることである。交流を重ねていくうちに、「一人一人の考えをもっと時間をかけて考えたかったので、４人グループよりペアの方がよかった。」や「こういう形態で、こんな交流がしたい。」などという発言が出てくるようになる。そして最終的に、単元のはじめの「学習計画」を立てる際に、子供たちと相談しながら様々な形態を計画することにつながる。

　次に、必要に応じて子供たちが自分で形態を選んだ例を紹介する。４年生「一つの花」の学習では、並行読書として自分が選んだ本ごとに３〜４人のグループを作って活動を行った。本のあらすじをまとめる課題では、机の上では狭いという理由で、床に小黒板をおいて交流する場面が見られた。また、大きなホワイトボードに物語の構成図を書きたいというグループは、教室後方のスペースで立って活動していた。また、「報告します、みんなの生活」という学習では、教室を前と後ろに分け、作業スペースを確保し、ポスターを４人で囲みながらグループワークを行った。子供が自分たちで形態を選択し実践することで、課題を自分のものとして主体的に解決していこうとする姿や、自分だけでなく他の人と協力して課題に取り組もうとする姿も多く見られるようになった。

教室を広く使った形態

3 教材研究の仕方

　主体的・協働的な学習を展開する上で、教材研究は重要な要素である。授業の狙いを達成するためにどのように学習を進めるか、何を準備すべきかを見極め、子供たちが主体的に学習しようとゴールに向かうまでの道筋を明確にすることが大切である。ゴールを見通した単元づくりのステップは以下のとおりである。

教材研究の流れ

①単元を通して身に付けたい力の設定
②学習指導要領での位置付けの確認
③単元の構想
　・教材の特性
　・中心となる言語活動
　・学習の流れ
④単元終了後の児童の姿のイメージ

第5学年「手塚治虫」における教材研究例

①単元を通して身に付けたい力
　伝記を読んで生き方について考えたことを発表し合い、自分の考えを広げたり深めたりする力
②学習指導要領での位置付け
　「C　読むこと」　指導事項「オ　自分の考えの形成及び交流」

③単元の構想

教材の特性	中心となる言語活動
・本教材に取り上げられている出来事には漫画家「手塚治虫」の漫画への情熱と努力が表れている。	・伝記を読んで、人物の生き方や自分の生き方について考えたことをパネルにまとめる。 ・交流会を開く。

学　習　の　流　れ

1　学習の見通しをもつ
・伝記のブックトークを行う。
・学習の狙いを確かめ、学習計画を立てる。

2　自分の生き方を見つめ直す
・「手塚治虫」の生き方から感じたことをまとめる。
・自分の選んだ伝記の人物の生き方から感じたことをまとめる。

> もし自分だったら…
> 生き方に取り入れたいことは…

3　自分の考えを広げる、深める
・「11歳が考える生き方交流会」を開く。

教師が作成したパネルのモデル

学　習　の　ゴ　ー　ル

・「11歳が考える生き方交流会」を開き、生き方について自分の考えを広げたり、深めたりする。

④単元終了後の児童の姿

　伝記を読む活動を通して自分の生き方を見つめ直し、他の伝記にも興味をもち、読書を広げようとする姿をイメージする。

4 学校図書館との連携

　子供が主体的に学び合うためには、自分の考えを発言し、協働的に話し合うことができる素地をつくる必要がある。そこで、知識の宝庫である学校図書館を利用するとよい。学校司書と連携を図ると、児童の活動をより深化させることが可能になり、学びの質を高めることができる。

学校図書館の利用方法（学校司書との連携）

　授業終了前などに学校図書館から選んだ本のブックトークをグループで行うようにする。輪番でグループリーダーを決め、互いの思いを交流させるが、自分のお気に入りの場面を話すだけではなく、本の内容に関する質問も加える。継続すると、本を選定しながら、どの場面を紹介しようか考えられるようになり、話のつながりを意識できるようになる。また、友達の紹介を受けて、次の本に手が伸びるようにもなる。このように、学校図書館を定期的に活用しながらブックトークを併せて行うことで、子供の選書の目を養い、読書への意欲を喚起することができる。

　また、紹介や推薦などの言語活動に適した本を選ぶときには、よりよい選定が可能となる学校司書との連携が欠かせない。同一作家の作品が必要だったり、「シリーズ読み」として同じ作風のものが必要だったり、説明文であれば、それにあった構造の本を選定する場合もある。ただし、学校司書の協力で多くの本を収

学校図書館に広がるファンタジーの世界

集した場合、全てを並行読書材とせず、言語活動の目的に応じて選別することが最も大切なことである。

学校図書館での授業例

　あまんきみこの作品の中から大好きな作品を選び、紹介する活動を言語活動として設定した第2学年の授業において、学校図書館にあまんきみこワールドを作り、そこを学習の場とした。紹介は、大好きな作品の中から特に気に入った場面を選び、登場人物になりきって発表し合う形態である。児童は文章の中で大事になる言葉を基に、場面の様子や人物の行動を中心に想像を広げ、動作化を工夫する。また、動作化による「なりきり発表会」のために、自分で考えた「なりきりポイント」をグループで交流し、練り上げ、「なりきりおたすけブック」としてまとめる言語活動も並行して設定した。

　学校図書館内の一室をあまんきみこワールドに変えるため、壁には「名前を見てちょうだい」の登場人物を描いたパネルを並べ、交流で考えた「なりきりポイント」を添えて、物語の時系列に沿って掲示した。また、並行読書材として選定した3作品の場面を掲示し、登場人物の張り子人形を飾った。

他のあまんきみこ作品も、自由に手に取って読み進められるよう一面に並べた。あまんきみこワールドの中で、「なりきり発表会」までの学習を実施することにより、子供の読書量は格段に増加し、言葉によって捉えたファンタジーの世界へ深く入り込むことができた。

「なりきりポイント」の掲示

5 家庭との連携

　学力の向上のためには、学習の基盤となる子供たちの学習意欲の向上や学習習慣の確立が重要である。学校はもとより、家庭と連携を図りながら予習や復習など家庭での学習にも力を入れられるようにする必要がある。学んだことを活かした復習や次の学習につなげられる予習などを自主的に行うことができるような力を身に付けたい。

国語授業の見通しや振り返りと連動した家庭学習

　学習の見通しや振り返りの活動を充実させることは、子供たちの主体的な学習を促すとともに、授業における学習活動を充実させ、さらに家庭学習の習慣を確立させることができる。

　導入で学習の狙いや進め方を明確にして見通しをもたせ、終末では振り返りの時間を確保することが大切である。振り返りの場では、学習の狙いや課題に基づいて分かったこと、残された課題や新たな課題を明らかにしたり、学習への取組を評価したりして、次の授業につなげられる。更に家庭学習での予習や復習へとつなげ、家庭学習に意欲的に取り組む態度が育つことを期待できる。

導入の板書例

①導入…**本時の目標**

　本時の目標や狙い、学習課題などを明確にして板書する。本時の見通しを立て、目指すゴールを示す。

②終末…振り返り

　本時を振り返って、目標や狙いが実現できたか、どんな力が身に付いたかを明らかにする。発達段階や授業内容に応じた「振り返りの視点」を提示する。

○初めて分かったこと
○できるようになったこと
○考えが広がったり深まったりしたこと
○まだ調べ足りないこと
○家庭学習の予習や復習につなげること　など

③児童のノートから

今日は、理ゆうやつながる文を学しゅうしたので、自分でせつ明文を書く時にいかしたいです。
（2年）

手塚治虫のエピソードをまとめました。終わらなかったので家で続きをやりたいです。
（5年）

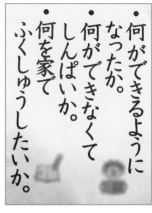

・何ができるようになったか。
・何ができなくてしんぱいか。
・何を家でふくしゅうしたいか。

振り返りの視点

国語科に関する家庭学習の内容

○音読（場面の様子や人物の気持ちを想像しながら工夫して読む）
○日記（報告や記録の文章）
○親子で会話（家の人に出来事を伝える）
○辞書を活用する。（意味調べ）
○詩や俳句を作る。
○ことわざや慣用句の意味を調べる。
○新聞を読む。（編集の仕方や見出しの工夫に目を向けて）
○新聞のスクラップ作り
○読書（教科書に出てきた作者の本を見付けて読む）

Part 3

深い学びの過程を重視した
アクティブ・ラーニング型
国語授業づくり

言語活動を通した指導事項の習得と活用

　子供主体の言語活動を今後も充実させることで、アクティブ・ラーニングにつなげることができる。国語科はその基幹教科としての責務がある。国語科における言語活動の充実には、基礎的・基本的な知識や技能を活用して課題を探究することのできる国語の能力を身に付けることが求められている。子供たちがよりよい言葉の使い手を目指し、言葉の探究への関心・意欲を高め、知識や技能を習得し活用することができるよう、言語活動そのものが言語生活に生きて働く、必要性のあるものとして設定されることが重要である。

　言語活動そのものの特徴などを示すために、拙著『実践ナビ！言語活動のススメ　モデル30』（注２）では、次のような言語活動を取り上げた。

■**低学年「読むこと」における言語活動**
　①音読劇　②続き話・書き換え　③読み聞かせ　④人形劇　⑤紙芝居　⑥説明を読んで書く　⑦読書郵便　⑧ストーリーテリング　⑨読書クイズ

■**中学年「読むこと」における言語活動**
　⑩感想（説明的な文章）　⑪感想（文学的な文章）　⑫ブックトーク　⑬本の紹介（ポップ）　⑭シリーズ読書　⑮図鑑や事典を読む　⑯アンソロジーを読む　⑰黙読・速読・摘読　⑱読書５・７・５　⑲読書ＣＭ

■**高学年「読むこと」における言語活動**
　⑳朗読・群読　㉑比べ読み　㉒重ね読み・並行読書　㉓新聞や雑誌を読む　㉔伝記を読む　㉕解説や意見を利用する　㉖本の帯　㉗ブックソムリエ　㉘長編を読む　㉙作者の紹介　㉚語録を編集する

さらに、拙著『実践ナビ！言語活動のススメ　教科書授業Ｗプラン（低学年編・中学年編・高学年編）』（注３）では、付けたい能力を育成するために、中核となる教科書教材の特性を捉えた上で、柔軟な言語活動の設定を促すＷ（ダブル）プランを示した。次は、各学年編の一部である。

■低学年編
・第１学年（文学）おおきなかぶ
　　モデルＡ：お気に入りの昔話を選び、お話の糸につづって紹介しよう
　　モデルＢ：世界のいろいろな国の昔話の読み聞かせをしたり聞いたりしよう
・第２学年（説明）ビーバーの大工事
　　モデルＡ：生き物のひみつを、絵カードをつかってみんなにしらせよう
　　モデルＢ：動物のひみつについて、クイズを出し合おう

■中学年編
・第３学年（文学）モチモチの木
　　モデルＡ：斎藤隆介ワールドの仲間たちを紹介し合おう
　　モデルＢ：紙芝居を用いて斎藤隆介の世界を紹介し合おう
・第４学年（説明）ヤドカリとイソギンチャク
　　モデルＡ：説明文を実験報告文の形に書き換えよう
　　モデルＢ：生き物ふしぎＱ＆Ａをつくろう

■高学年編
・第５学年（文学）大造じいさんとガン
　　モデルＡ：作品から受けた感動を朗読で表現しよう
　　モデルＢ：椋鳩十全集を読み、作品を解説しよう
・第６学年（説明）『鳥獣戯画』を読む
　　モデルＡ：名画を解説して、作品の世界にいざなおう
　　モデルＢ：身近なものを鑑賞して、コメントし合おう

　言語活動を通した指導事項の指導を要とする国語授業が、「活動あって学びなし」「楽しさあって学びなし」と揶揄されないよう、また言語生活に生きて働く深い学びを実現するためにも拙著を参考にしていただきたい。

実践例

「読むこと」の学習における言語活動の具体化

〈単元全体の構想〉

1　学　年　第6学年
2　単元名　宮沢賢治の作品の世界を深く味わい、読書記録をつけよう
3　教材名　「やまなし」「イーハトーヴの夢」（光村図書　6）
　　※副教材「注文の多い料理店」「グスコーブドリの伝記」「よだかの星」「雨ニモマケズ」他、宮沢賢治の作品
4　主に付けたい能力
　　○場面についての描写や、作品の中で使われている表現を味わいながら読む能力
　　○複数の本や文章を比べながら読み、作品について考える能力
5　単元の構想
【第1次】
　○「イーハトーヴの夢」「やまなし」を読んだり、宮沢賢治の伝記のビデオを視聴したりして、宮沢賢治の考え方や生き方などについて感想を交流する。
　○指定図書「注文の多い料理店」「グスコーブドリの伝記」「雨ニモマケズ」「よだかの星」を読み、賢治の考え方や生き方がどのように作品に表れているかを考える。

【第2次】
　○「やまなし」を読み、五月と十二月の場面を対比し、作品のテーマを考える。
　○考えた作品のテーマについて交流し、作品の読書記録を書く。

【第3次】
　○複数の本を読んで読書記録を書き、友達と交流することで、今後の読書計画を立てる。

Part 3

▶ポイント　指導事項や教材の特性等と関連した言語活動の設定

本単元の言語活動は、以下のようなことに留意して設定した。

〈教材の特性との関連〉
○作品に賢治の考え方、生き方が表れている。
○賢治の人物像や生涯を理解することができる。

〈指導事項との関連〉
○場面についての描写を捉え、優れた叙述を読む（Cエ）
○複数の本や文章などを比べて読む（Cカ）

〈言語活動〉宮沢賢治の作品の世界を深く味わい、読書記録をつけよう
※賢治のどのような世界観が分かるかを考え、作品を宮沢賢治の命観、自然観などに分類する。（指導の切り口）

子供の実態との関連　　系統との関連　　各領域等との関連

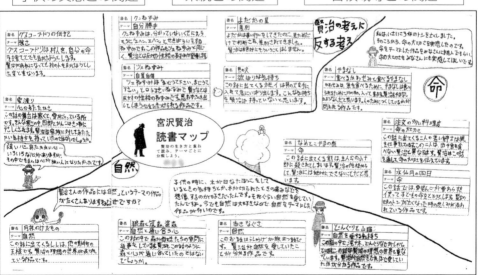

言語活動のゴール読書記録

Part 3　深い学びの過程を重視したAL型国語授業づくり　35

言語活動を設定する際、言語活動を通して指導事項を指導していくことはもちろんのこと、教材の特性や子供の実態など様々な観点から言語活動を設定し、さらに、どのような切り口で指導していけばよいのかを考える必要がある。その上で、具体的な言語活動のゴールを教師がもっておかなければならない。

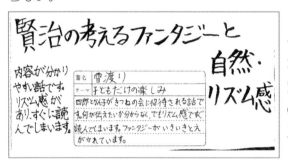

　　　　　先に示した「言語活動のゴール読書記録」は、左のようなカードで構成されており、賢治の生き方や考え方と作品のテーマとが関連付くように工夫した。

　　　　　　　読書記録の一部

▶ポイント　言語活動を具体化するための読み

　単元のゴールイメージを具体にするためには、指導の切り口（作品のテーマごとに分類する）のような読みをどのように展開していくのかを考える必要がある。

第１次の段階での指定図書（テーマごとに分類するために）

〈指定読書〉　　　　　　　〈賢治の生き方、考え方〉
「注文の多い料理店」　　→　賢治の考えに反する生き方
「グスコーブドリの伝記」　→　自己犠牲の精神
「雨ニモマケズ」　　　　　→　デクノボーな生き方
「よだかの星」　　　　　　→　命に対する考え方（命観）

　導入の段階で、賢治の伝記と上記の４作品を比べて読み、作品には賢治の生き方や考え方が反映されていて、それを分類することができることについて気付くことができるようにした。

第2次の段階での読み（テーマについて読むために）

「やまなし」本文
教科書 p.112-114
（光村図書　6）

「やまなし」本文
教科書 p.116-118
（光村図書　6）

　「やまなし」を五月と十二月とで対比して読むことにより、「やまなし」の意味について考え、作品のテーマを明らかにしようとした。子供が「情景」「登場するもの」「かにの会話」「比喩」「オノマトペ」という読みの観点でワークシートに対比して読むようにした。さらに、対比したことと賢治の生き方を重ねることにより、作品のテーマへと迫っていくようにした。テーマの書き方については、作品のテーマ→そう考えた理由→賢治の生き方→作品の評価という構成で百二十字程度で書き、読書記録の言語活動につながるようにした。

「伝記と比べて作品のテーマを読む」「分類して読書記録を書く」という読み方を第1次、第2次で習得し、第3次の読書記録で活用したり、より確実に習得したりしていけるように単元を構想していくことが大切です。

2 国語科における問題解決的な学習指導の充実

　国語授業づくりには、以下のように子供が深く学んでいる姿を想定する必要がある。①から⑥までの流れを子供の視座に立って考える必要がある。

---

①学びの入口において…
　➡子供が学ぶことと言語生活とのつながりを意識する。
②教師の動機付けによって高められた意識のもと…
　➡子供が課題を発見し、その解決に向けて主体的・協働的に探究する。
③教師が教えることと子供たちに考えさせることの均衡を考えながら…
　➡子供が基礎的な知識・技能を習得する。
④習得したことの定着を図る上でも、言語生活の場面に想定しつつ…
　➡子供が習得した基礎的な知識・技能を活用する。
⑤学びの出口では習得し活用したことを他と共有し評価し合うために…
　➡子供が学びの成果等を表現する。
⑥学びは決まった時間（単元）で完結するのでなく…
　➡子供が学んだことを更に実践に生かす。

　深い学びの過程を重視することは、学びの文脈を創る過程を重視することであり、国語授業を一連の問題解決的な過程として捉えることである。国語授業では、「書くこと」領域における「課題設定・取材→構成→記述→推敲→交流」といった一連の文章の生成過程は意識しやすい。また、「話すこと・聞くこと」領域においては、「書くこと」領域の特に記述の段階を音声言語の能力を高める段階として指導する必要があるが、それは比較的イメージできる。しかし、「読むこと」領域は、問題解決の過程が多様である。だ

からこそ、特定の型に当てはめるのではなく柔軟に設定できるようにする。学びの過程に幅をもたせられる教師は高い指導力を有する。そのことが子供の深い学び、そして深い読みの実現につながる。その際、子供の視座に立つという理念に立ち返り、「読むこと」における子供の実態として、次のような不変的な困難さが想定できる。

```
                          ┌ 読みたくない
                          │ 読む意味が分からない
文章や本を（が）（の） ┤ 見つからない（探せない）
                          │ 読み方が分からない
                          └ 読んだ甲斐がない
```

　これら「読むこと」の五つの「ない」を肯定的な回答へ向かわせる授業を構想するとき、そこに指導の順序性は存在しない。一つの「ない」を解決することで残りの全ての「ない」を解決でき得るかもしれない。国語授業づくりとは本来そのようなもので、常に子供の実態に即した改善が出発点となる。

　国語授業を構想するためには、子供の実態を踏まえた付けたい能力の明確化を第一義とし、それに必要な教材を選定し、それについての教材研究を深めるとともに、適切な言語活動を位置付ける（図5）。これらを調和的に関係付けることによって、深い学びにつながる問題解決の道筋が見えてくる。

図5　国語授業を構想する観点

実践例

「読むこと」の単元における多様な学習過程

〈単元全体の構想〉

1　学　年　第5学年
2　単元名　本を読んで、自分の考えを広げよう
3　教材名　「見立てる」「生き物は円柱形」（光村図書　5）
　　※副教材「絵とき　生き物は円柱形」「絵とき　ゾウの時間とネズミの時間」「虫たちのふしぎ」「生きものいっぱいゆたかなちきゅう」
4　主に付けたい能力
　○筆者が話題としていることや主張していることを正確に読む能力
　○筆者の考えを捉えるために、複数の本や文章などを比べて読む能力
5　単元の構想
【第1次】
○生き物について調べるために探してきた本を「図鑑」「百科事典」「科学読み物」に分類し、それぞれどのような特徴をもった本なのかを調べ「見立てる」「生き物は円柱形」を読みに生かせることを知る。
【第2次】
○「生き物は円柱形」を読んで、文章全体の構成をつかみ、自分がなるほどと思ったところ、疑問に思ったところに色を付ける。
○なるほどと思ったことをワークシートにまとめ、（例示の仕方、筆者の説明の仕方、筆者の考えなど）自分の考えを書く。
○『絵とき　生き物は円柱形』『絵とき　ゾウの時間とネズミの時間』を読み、筆者の説明の仕方や筆者の考えの書かれ方がどのように違うのかを話し合う。
【第3次】
○これまでの学習を振り返り、おすすめの科学読み物の情報を友達と交換し、今後の読書計画を立てる。

▶ポイント　個々の考えを集約し課題を設定

　導入の段階で、最終的なゴールである完成品等を見せ、それを完成させるためにはどのようにして読んでいったらよいのかを考え、学習課題を設定するという方法はよく行われている。

　本単元では、第１時を学校図書館で行い、教材「見立てる」と百科事典、図鑑、科学読み物を併せて読むとより深く内容が理解でき、自分の考えを広げながら読めることを実感できるようにした。以下が、そのときのやりとりである。

Ｔ：生き物について調べるときは、どんな本を利用しますか。探してきてごらん。
　（子供が本を選んだ理由を発表し、「図鑑」「百科事典」「科学読み物」に分類し、それぞれの特徴をまとめる。）
Ｔ：「見立てる」と百科事典とを合わせて読んでみようか。
Ｃ：「ログハウス」とか知らない言葉が出ています。
Ｃ：「ログハウス」なんかを調べると詳しく書いてあるね。さらに、「カナダ」にもつながっていて、生活の仕方が分かるね。
Ｃ：「カナダ」のあや取りでは、「ログハウス」と名付けられていることが納得できるね。百科事典と読むと、筆者が例に挙げていることは、分かりやすい例だということが分かるね。
Ｃ：いろいろな本と合わせて読むと、知らなかったことが分かって、おもしろくなるね。「生き物は円柱形」でもやってみたいな。
Ｔ：では、図鑑や百科事典、科学読み物と合わせて本を読んで、自分の考えを広げていきましょう。おもしろい読書になりそうですね。

　読むことの言語活動例の中には、推薦の文章を書くなど表現に向かうものもありますが、解説の文章を利用するなど、本の読み方を学習課題として立てることもあります。狙いに応じた多様な学習活動を考えたいものです。

▶**ポイント　教材から読書、読書から教材への多様な読み**

　読みの指導では、まず教材文を読んで、その後学んだことを活用して読書をする学習が多く見られる。本単元のような説明的な文章を読む場合、「生き物の不思議について知りたい」という内容面に関する学びと、「筆者の考えを深く知りたい」という筆者の説明の仕方や考え方など読む能力に関する学びがある。さらに、「言葉や事象について知りたい」という読むための知識に関する学びもある。この三つを統合して読むことにより、教科書教材である「生き物は円柱形」を核として、教材の読みと読書とを一体的に行うことができると考え、本単元での読書を以下のように位置付けた。

○内容面に関する読書…生き物の不思議について知りたい！！
　図鑑『虫たちのふしぎ』（新開孝、福音館書店）、その他の図鑑や並行読書として、『鳥・虫・魚のふしぎ』（小宮輝之、PHP）など

○筆者の説明の仕方、考え方など読む能力に関する読書…筆者の考えを深く知りたい！！
　『絵とき　ゾウの時間とネズミの時間』『絵とき　生き物は円柱形』（本川達雄、福音館書店）並行読書として『サンゴしょうの海』（本川達雄、福音館書店）『生き物は円柱形』（本川達雄、NHKライブラリー）、東京工業大学本川達雄ホームページ

○読むための知識に関する読書…言葉や事象について知りたい！！
　百科事典（ポプラディア）、図鑑による検索、参照

　上記の読書を明確に意図的に位置付け、教材文の読みと一体的に行うことで、教材から読書、読書から教材、読書から読書という多様な読みを展開することができる。

> 子供の興味・関心に応じた内容面の読書と読む能力を統合しつつ、本を読む意図を明確にし、読書活動を活性化していく必要があります。

本単元では、教科書の文章と『絵とき　生き物は円柱形』を読み比べて、書かれ方の違いを考えた。

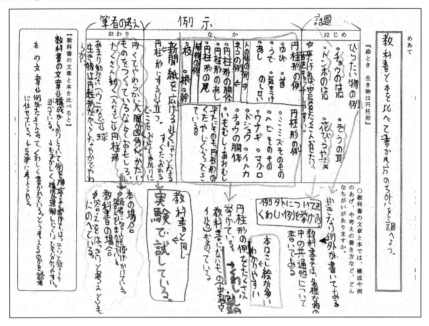

教科書教材と絵本との読み比べ

この学習を通して、次の違いをつかませ、さらに自分の考えを広げながら読むことを狙った。

○本と教材文（文章）との構成の違いを比べる。
○本と教材文（文章）との例示の仕方と順序の違いを比べる。
○本と教材文（文章）との筆者の考えの主張の仕方の違いを比べる。
○本と教材文（文章）との読後感の違いを比べる。

子供は、本から教材文（文章）、教材文（文章）から本を読み、筆者である本川さんの考えを深く読むことができた。

教材文から本という展開だけでなく、本から教材文、教材文と教材文と同じ内容の市販の本の比べ読みなど、目的に応じて多様な展開を行うことが大切です。

3 単元の導入段階での動機付けの工夫

　単元の導入段階での動機付けとしては、既有の知識や技能などを総動員させ、課題に対して思考したり試行したりする場の充実を図ることが重要である。そのことは、単元に係る子供の現状と以後の学習指導とを有機的に接続することにつながる。導入段階において、これまでの学習状況などについての自己評価や相互評価などを取り入れながら、目的や課題を設定することが大切である。自己評価や相互評価の観点としては、次のようなものがある。

■単元に係る知識・技能の習得状況
　どのような内容（言語についての知識・理解・技能）を、どの程度習得しているか。
■単元に係る思考力・判断力
　相手、目的や意図、場面や状況などに応じて話したり、聞いたり、書いたり、読んだりすることについてどのような能力をもっているか。
■単元に係るテキスト（本や文章、題材）の状況
　テキストとしてどのようなものを選択したり、活用したりしてきたか。
・「話すこと・聞くこと」「書くこと」…題材
・「読むこと」…本や文章
■単元に係る表現力
　どのような表現行為、表現様式を用いて表現してきたか。
■単元に係る関心・意欲・態度
　言語活動をはじめとする学習活動に対してどのように関わってきたか。

図5(p.39)に示したように、教師が国語授業を構想する上で、子供の実態を踏まえた付けたい力の明確化が重要である。加えて、子供たちも自分自身のこれまでの学びを自覚的に振り返ることで、目標や課題の設定を主体的なものとし、そのことが深く学んでいこうとする態度を育成することにもなる。

単元の導入では、子供の実態を重視しながら、様々なアプローチを工夫することで学習課題への設定につなげることができる。ここでは、図5に示す観点に基づき、教材と言語活動のもつそれぞれの特性からアプローチする。

■ **教材のもつ特性からのアプローチ**

教科書教材にはそれぞれ特性がある。例えば、「読むこと」領域の文学的な文章の中には、絵本を原典にしているものをはじめ、物語集やシリーズに所収されているものがある。その特性を踏まえ、導入段階でそれらを紹介することで教材を読むことへの関心は自然と高まる。紹介した本は課題図書などにして、単元の学習と並行した読書へと誘うようにする。説明的な文章においても、図鑑や事典、科学読み物などの本と関連した題材がある。それを補助教材として単元の学習に意図的に位置付けるとよい。こうしたことは、教材としての文章から本へとテキストを広げることを可能にするとともに、学校図書館等との連携を図ることにもつながる。

■ **言語活動のもつ特性からのアプローチ**

単元の終末で遂行する言語活動を導入段階にモデルとして提示する。例えば、本の紹介という言語活動を設定する場合、そこには様々な表現方法がある。文字言語か音声言語か、それをポスターにするかブックトークにするか、それとも本の帯かポップか、また、本のあらすじや感想の分量や表し方はどうするか、そのような完成イメージがわくモデルを教師側で提示する。モデルはグッドモデルだけでなく、不完全な部分を含んだものを提示しても効果的である。

教材と言語活動のもつそれぞれの特性からのアプローチの具体例については、Part5の❶「国語授業における見通しの充実」に掲載した。

> **実践例**

「読むこと」の単元における学習課題の焦点化

〈単元全体の構想〉

1 **学　年**　第5学年
2 **単元名**　説明のしかたの工夫を見つけ、話し合おう
3 **教材名**　「天気を予想する」(光村図書　5)
4 **主に付けたい能力**
　○図や表、写真と文章とを関連付けて、文章の内容を的確に押さえて読む能力
　○事実と感想、意見などとの関係を押さえ、自分の考えを明確にしながら読む能力
5 **単元の構想**

【第1次】
○天気や天気予報について経験や知っていることを発表し合う。
○教材文のグラフや表、写真をすべて抜いた教材文全文を通読し、図や写真等の役割について考える。

【第2次】
○問題提示に筆者がどのような意図で表を用いているのかを話し合い、表のデータを文章にどのように活かせばよいのかをつかむ。
○グラフや表、写真に関する説明や数値に色を付け、それらの説明が文章全体のどこに分布しているのか話し合い、筆者の論理展開をつかむ。

【第3次】
○グラフや表などが使われたパンフレットや本などを読み、グラフや表の使われた意図や効果について考え、まとめる。

▶ポイント　単元全体の学習課題に結び付く学習活動

自分が知っていることを整理し、学習課題へとつなげる

　ここでは、天気予報について知っていることや、天気予報の仕方など既有の知識や経験を出し合い、次のように天気への興味・関心を高めた。

　○天気予報で伝えられることは何か。（天気、降水確率、風向きなど）
　○天気予報は、どのようにして情報を集めているのか。
　○天気予報は当たると思うか。
　○天気について、昔から伝えられていることは知っているか。

　これらのことを問うことで、天気について自分が何を知っていて、何を知らないのかを自覚することができる。そのことで、興味・関心をもって教材文を読むことができるようになるとともに、主に知らないこと、知りたいことが学習課題へとつながっていく。

教材の特性を踏まえた学習活動を行い、単元全体の学習課題の設定につなげる

　本単元では、文章とグラフや表、写真との関係を捉えることが中心となる。そこで、まず最初に教材文から、グラフや表、写真をすべて取り除いた文章を読み、感じたことを話し合うようにした。

T：読んでみて、どんなことを感じましたか。
C：年代やパーセントで数字が示されているけど、何の数字か分からないです。
C：アメダスや静止気象衛星がどんなものかがイメージできません。写真がほしいです。
C：内容が分からないから、筆者が言いたいことが伝わってきません。
T：実は、グラフや表、写真を抜いた文章を読んだんだよ。筆者は、みんなによく分かってもらうためにグラフや表、写真を使っているんだね。筆者はどんな狙いがあって使っているのかな。

説明的な文章の特徴や形態（「観察記録」「調査報告」など）に着目し、教師が子供に気付かせていくことで、単元全体の課題を焦点化することができます。

実践例

「話すこと・聞くこと」の単元の導入時における動機付け

〈単元全体の構想〉

1　学　年　第2学年
2　単元名　だいじなことをおとさずに、話したり聞いたりしよう
3　教材名　「ともこさんは　どこかな」（光村図書　2上）
4　主に付けたい能力
　○迷子が探し出せるように、迷子の特徴となる大事なことを選び、順序よく話す能力
　○迷子の特徴となる大事な視点をもとに、聞き落とさないように、注意して聞く能力
5　単元の構想
【第1次】
○迷子探しゲームをして、ともこさんを探す。
○うまく見付けられない理由について話し合い、学習のめあてと計画を立てる。
【第2次】
○聞き取りゲームをして、正確に聞き取るために注意することを考える。
○落としてはいけない大事なことに気を付け、迷子のお知らせアナウンスを考える。
【第3次】
○学校の落とし物を校内放送で伝えるためのアナウンスの練習をする。

▶ポイント　エラーモデルの提示

単元の導入で、迷子のお知らせへの興味・関心を高めるとともに、迷子のアナウンスには観点があることに気付かせるために、下のワークシートに記載のアナウンスを行い、絵の中からともこさんを探すゲームを行った。

実際の授業では、以下のやりとりをした。

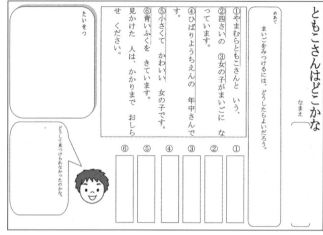

導入時に使用したワークシート

T：先生のお知らせはどうだったかな。すぐにともこさんが見つかったでしょう。
C：先生見つかりません。青い服の子は、たくさんいます。
T：先生は詳しくお知らせしたでしょう。
C：幼稚園とか、年中とかは見た目では分からないよ。
C：小さくてかわいいというのも、どんなのがかわいいのか分からないよ。
C：どんな格好をしているのかを詳しく言わないと。
C：人と違って、その人だって分かることを言ってよ。
T：お知らせするときには、落としてはいけない大切なところがあるようですね。どんなことをお知らせすればいいのだろう。

導入時には、エラーモデルのみならず、手本となるモデルを見せることも効果的です。。学習の見通しをもたせる場合は、教材の特性と狙い、実態に応じて考えるようにし、子供が学びたいという思いを強めることができるようにしましょう。

教えることと考えさせることの均衡

　教えることと考えさせることの均衡については、自律的（他律と対になるよう、自立でなくて自己を律する意味で自律とした）や他律的、単一化と複数化の二つの対立軸での検討が必要である（図6）。

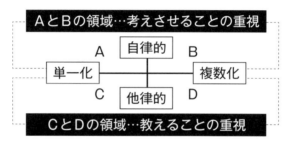

図6　教えることと考えさせることの均衡

　自律的と他律的の対立軸から考える。深い学びの過程を重視する問題解決的な学習の推進は、自律的な子供の育成を志向するものである。義務教育段階においては、生涯にわたる学習の基盤を培うために自律的な態度や習慣を形成していくことは極めて重要である。一方、教師主導で学習の前提となる知識や技能を意図的に授与したり、子供たちの間違いを確実に訂正したりすることは大切である。技能に係る基礎的な事柄や活動上の基本的な事項などは、反復し徹底して指導するなどの他律的な教師も関わりは当然である。

　次に、単一化と複数化の対立軸について考える。一連の問題解決の出口において、全員を一つの正解に導いていくという単一化の軸を重視した指導が必要な場合がある。一方、一つの正解でなく多面的な思考を促し、解答の複数化を目的に個々の見方や考え方を深化させ、それらを敷衍させることに主眼を置く指導も重要である。それは個性化にもつながる。

このように二つの対立軸で考える場合、図6のAとBで示した領域は子供たちに十分考えさせることを重視する側面を意味する。CとDで示した領域は教師が教えることを重視する側面を意味する。すなわち、教えることと考えさせることの均衡を図るためには、自律的か他律的の軸の線上のどちらの側に位置付く指導の場面であるのか、また、求める目標として単一化と複数化の軸のどちらの側に位置付く指導の場面であるかを、教師が認識しているかが重要な鍵である。これらの傾斜配分や均衡をとりながら、発達の段階や指導の位置などを踏まえ、効果的に組み合わせることが重要である。

　次に、国語授業における教えることと考えさせることの傾斜配分について、習得と活用との関連から考える。小学校学習指導要領国語では、２学年のまとまりで指導事項及び言語活動が配列されている。このことは、基本的には２学年まとまりの下の学年での指導事項は初出であるので、それを基礎・基本として習得し、それらを上の学年で活用するという考え方ができる。しかし、そのように截然（せつぜん）と区別できない面が強い。高学年の場合、下の学年である第５学年では基礎・基本の定着を図るとなると、そこには活用という指導の意識が弱くなる。基礎・基本の習得と活用は螺旋的・反復的に取り扱う。

　これらのことを低学年を例にして、箇条書きに整理する。

○第１学年→習得＞活用…傾斜配分としては、習得を重視する。
　第２学年→習得＜活用…傾斜配分としては、活用を重視する。
○第２学年の習得は、第１学年での習得とそれの活用を通したものに、第２学年における新規の指導事項も付加されるものである。
○低学年の習得と活用が中学年に、低学年・中学年の習得と活用が高学年へと累積されていく。
○上下の学年において指導事項を計画的に取り上げるには、設定する言語活動の質の違いを明確に意識することが重要である。例えば、本や文章を紹介するために、一つの指導事項を中心に指導していくのか、あるいは複数の指導事項を取り上げるのかを意識することで、紹介という言語活動の質の違いが自ずと明確になる。

実践例

「書くこと」の学習における習得と活用

〈単元全体の構想〉

1　学　年　第5学年
2　単元名　理由づけを明確にして説明しよう
3　教材名　「グラフや表を用いて書こう」(光村図書　5)
　　※副教材　統計資料、統計資料が載っている事典や科学読み物
4　主に付けたい能力
　○文章全体の構成の効果を考えながら書く能力
　○引用したり、図表やグラフなどを用いたりして、自分の考えがよく伝わるように書く能力
5　単元の構想
【第1次】
　○既習教材「天気を予想する」で学習したワークシートを見直し、表やグラフの効果について確認する。
　○現代の生活で「くらしやすさ」「くらしにくさ」について自分の考えを整理し、学習課題を決め、学習計画を立てる。
【第2次】
　○モデル文を分析し、説明文がどのような構成で書かれ、グラフの内容がどのように文章化されているのかを捉える。
　○自分が選んだ統計資料から、主張の裏付けになる事柄を選択、整理し、構成を考える。
　○書き方のポイントを確認しながら、表現の仕方に気を付けて説明文を書く。
【第3次】
　○完成した説明文を読み合い、表現の仕方に着目して交流する。

Part 3

▶ポイント　説明文を書くために必要な知識の習得

どのようにして書くかを具体的に教える

　説明文を書くための知識を得ることは難しい。そこで、以下のことは、教師が確実に教えたい。

○説明文とは、どのような目的で書かれた文章なのか。
○どのような構成で書くと考えが伝わりやすいのか。
○グラフや表を使って、どのような順番で説明をすればよいのか。
○引用はどのように記述し、どんな効果があるのか。
○文末表現はどうすればよいのか。
○説明でよく使う言葉にはどんなものがあるのか。
○考察の仕方はどうすればよいのか。

　次は、説明文を書くために必要な知識を整理したシートである。

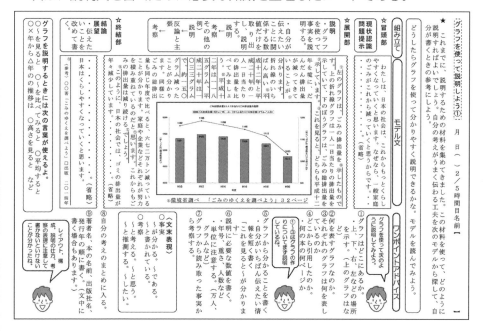

Part 3　深い学びの過程を重視したAL型国語授業づくり　53

学んだ知識を自分が書きたいことに当てはめる

　知識を整理したシートを与えるだけでは、子供はすぐに記述できるまでには至らない。ここでは、自分の情報を整理する方法を教師が教え、何を書くかは子供が考える必要がある。そこで、次のようなワークシートを活用した。

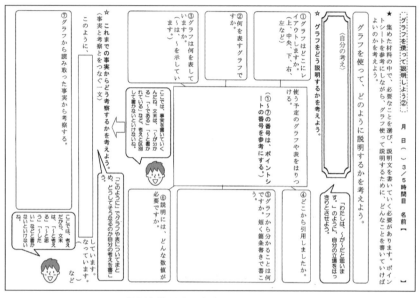

情報を整理するためのワークシート

自分の考えの根拠となる資料を収集する

　子供にとって、自分の考えを裏付けるためのグラフや表などの資料の収集は難しい。自分の主張と裏付けとしているグラフや表がかみ合っていない場合も多く見られる。そこで、次のことは、教師が教えることも必要である。

○ワークシートを見て、収集してきた資料と自分の考えの主張が合っているのかを確認し、必要な資料について助言する。
○教師自身が意図的に集めておいた資料の中から、子供に必要な資料を選ばせ、説明の仕方について助言する。

Part 3

▶ポイント　学んだ知識を使った活用する場の設定

　実際に記述する場では、子供たちに多くを任せ、教師は支援に徹する必要がある。戸惑っている子供に対しては、これまでのワークシート等から戸惑っている原因を指摘し、学んだことを確認しながら記述できるように支援していきたい。子供は、学んだことを活かして次のような文章を書いた。

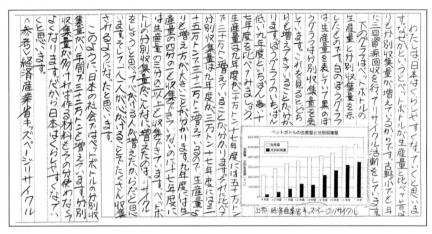

リサイクルを根拠にした子供の作品

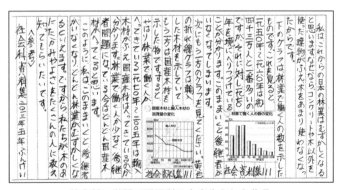

社会科の学習で国語科の力を生かした作品

考える土台となる知識や技能が子供に不足している場合は、教師が教えることも大切なことです。

Part 3　深い学びの過程を重視したAL型国語授業づくり　55

5 思考や判断を可視化する記述力の育成

　思考や判断は、表現と切り離さずに捉えることが重要である。特に、全国調査の記述問題の分析結果からも指摘しているように、「書かない」「書けない」といった状況を改善する記述力の育成は、喫緊の課題である。

■時間と場の保証
　学年が進むにつれて大きくなる記述への抵抗感を軽減していくには、まず記述する時間や場を効果的に設定することである。国語科のみならず他教科や学校生活全般を通して記述力を高める場や時間を確保する。

■目的の明確化
　記述への抵抗感と異なり、学年を追って高まるのが記述に対する有用性の意識である。有用性の意識は、その意義や必要性の実感の度合いによる。まとまった分量でも、メモや記録など少ない分量でも記述した結果が利活用されるという、目的や課題に応じる意識をもてるようにすることが大切である。

■文章の種類や形態への対応
　目的や相手、用途に応じた記述力を育成するためには、文章の種類や形態を意識することが重要である。例えば、お礼、依頼、記録、報告、説明、解説、感想、意見、紹介、推薦、案内、広告などがある。これらが単一で活用されたり、編集して活用されたりする。また、これらの文章の種類や形態に応じた取材力、構文力や文章構成力、推敲力、語彙力も問われることになる。

■自由と規定の幅の工夫

　自己の経験や体験を比較的自由に記述する能力よりもテキストを分析して記述したり、物事を論理的に説明したりする記述力に課題がある。これには、表現主体を尊重した自由な記述と相手や目的、規定などに応じた記述とを明確に区別した指導が必要である。例えば、複数の事例、文章の引用、三段落構成、読書経験の記述を要求するなど、自由と規定の幅を工夫する。

■制限・限定と条件への即応

　余裕ある時間を用意し自由に考えを巡らせる記述に加えて、厳しい制限や条件を提示し、それに応じた記述を数多く経験させるようにする。
　例えば、
【制限・限定】時間／字数／様式／文体（○人称）／全体か部分か　等
【条件】テーマ／対象／使用語彙／要約／引用／事例／技法（反復・倒置・比喩・反語等）／構成　等
　制限や条件に対応するには、それらを知識として得られる優れたモデルを意図的に提示し、具体的な記述の在り方を繰り返し練習することである。

■交流と評価の重視

　記述力の育成には、丁寧で適切な他者評価が必要である。そのためには、記述したものを作品化して交流したり、情報発信して相互評価したりしてさらなる意欲の喚起を図る。また、自己評価の導入により記述力の高まりを実感できるようにする。

■継続と日常化への支援

　記述力は継続的に書き慣れることにより高まる。時機を捉えた話題やニュースに感想や意見を書き留めさせたり、日々の感動体験やそれへの思いを「書きのタネ（例）」と題した短作文帳に随時自由に記録させたりする。また、教師は取材の観点を一覧にしてファイルにしたり、教室に常掲したりして支援する。継続的な取材活動を充実させ、記述の日常化へつなげる。

実践例
「読むこと」の学習における学びの可視化

〈単元全体の構想〉

1 学　年　第6学年
2 単元名　登場人物の関係をとらえ、人物の生き方について話し合い、命の意味について考えよう
3 教材名　「海の命」（光村図書　6）
　　※副教材「山の命」「田んぼの命」他、立松和平氏の命シリーズ
4 主に付けたい能力
　○登場人物の心情や場面についての描写を捉え、関連付けながら読む能力
　○複数の本を関連付けながら読み、作品のテーマについて考える能力
5 単元の構想
【第1次】
　○「海の命」を通読し、「カレーライス」「やまなし」の学習を想起しながら、「命」が何を表しているのかを話し合う。
【第2次】
　○物語の設定や構造についてまとめる。
　○太一に影響を与えた、父と与吉じいさの生き方や考え方についてまとめる。
　○太一の心情について、太一の行動描写、会話、クエの様子などから考える。
　○読んだことを関連付け、「海の命」のテーマについてまとめる。
【第3次】
　○学んだことを活かして、「海の命」と比較しながら、「山の命」「田んぼの命」についてまとめる。

▶ポイント 読みの一元化による自己の思考の可視化

読みの一元化のねらいとは

　読みを一元化するとは、子供の読みを１枚のワークシートやノートに書き込めるようにし、作品全体を通して、自分がどんな読み方で、どんな考えをもったのかが一目で分かるようにすることである。その特徴については、以下の通りである。

○作品全体をどのように読んだかが分かるので、自分の考えをもちやすい。
○登場人物の心情や場面の様子など、作品全体から解釈することができる。
○子供一人一人できあがったワークシートの内容が違うので、自分で読んだという達成感を得ることができる。
○子供が考えて記述していくので、自分の考えを意欲的に発表するようになる。（自分のとっておきの発見や考え。）
○読みの観点に沿って自分でまとめていくので、友達の考えとの比較がしやすく、交流が活性化する。

読みの一元化を図る手立て

①課題と読みの観点を確認し、何をどのように読むかをつかむ。
　（例）会話、行動描写、情景描写から心情を読む。
②叙述を書き抜く。（中心となる叙述は、二重線で囲む。）
③叙述から読んだことを吹き出しに書く。（吹き出しの読みが、叙述をつなぐ際に生きてくる。考えをまとめやすくなる。）
④関係のある叙述を矢印で結ぶ。（新たな読みも、吹き出しに書いておく。）
⑤関係性を図にする。（図から分かることも書くようにする。）
⑥自分の考えを記述する。※④〜⑥は、適宜交流を行う。

実際の例（海の命で使ったワークシート）

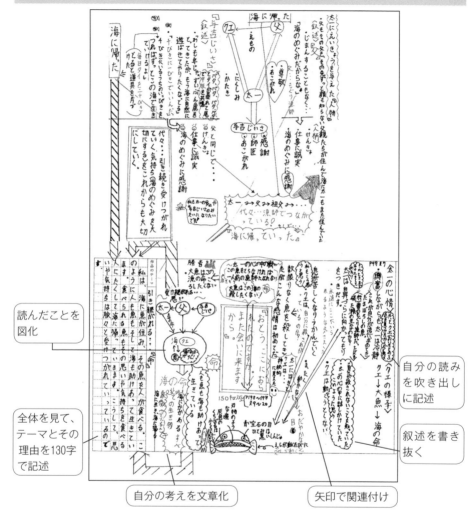

海の命で使ったワークシート

「単元の何時間を使って、何を何のために考え、どれくらいの分量で自分の考えをまとめるのか。子供たちの知識や技能はどの程度なのか。」を考え、記述の場や時間を単元の中に適切に位置付けていきます。

▶ポイント　条件や制限の付与

どんな条件や制限を付ければよいか

・字数　・矢印で関連付けて考える　・時間　・図にして
・命に関するキーワードをつないで　・命に関する言葉を使って

本実践では、上記のことを条件として設定しました。ただ、考えを書かせるのではなく、条件や制限を付けることで、子供は考える道筋が見えてきて、意欲が高まります。

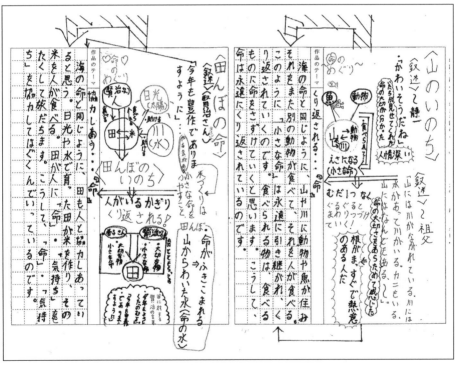

「山の命」「田んぼの命」についてまとめたワークシート

このように、一元化して読むことと併せて、複数の本や文章を複合して、思考を深めていく必要があります。

Part 4

対話的な学びの過程を重視した アクティブ・ラーニング型 国語授業づくり

1 自己との対話の重視

　対話とは、文字どおり他者と対峙して話をすることである。その対象を自己と捉えることを重視したい。それはどのようなことになるのか。前述した図3「『読むこと』領域における対話の構造」(p.15)に基づき考える。

　国語授業において教材となるテキスト（本や文章）を手にする読者は、テキストに書かれている内容を理解しようとする。物語であれば登場人物の人物像を把握しながら、場面展開に即して、ストーリーを追いかけながら読解する。つまり、何が、どのようになるのかという内容を注視する。国語授業では、そのような言語内容とともに、言語形式という視点を重視することが重要である。それはなぜか。内容と形式は表裏一体だからである。言語形式とは、換言すると書きぶりである。文章の構造、展開、文体、視点、語彙など、その範疇は広い。それをテキストとの対話と呼ぶこととする。テキストとの対話をするとき、書き手のしかけや工夫に着目すると読みは深まる。それが、書き手との対話である。物語であれば一般的には作者、説明的な文章では筆者と呼ぶ。書き手と向かい合うことで、一人一人の読者はより開かれた人間になろうとする。

　読む行為は、書き手が言わんとすることを理解するのでなく、単に自分自身の中にそこを映し出しているに過ぎない。やはり、読むことは推論の域を出ない。自己の見方や感じ方、考え方をとおしてテキストを解釈しようとしている。今までの生活経験や読書体験をとおして形成された見方などを違うものに更新したり、新たなものを創造したりできる読みが求められる。つまり、過去の自己や今の自己を対象化するということである。そうした主体的な読者である自己が集まって、コミュニケートする場が国語授業である。他者と対話することに価値を見いだす国語教室をつくっていきたいものである。

一つの文章や一冊の本を読んだ感想や読み方は、皆同じではない。独善的にならず、テキストとの対話や書き手との対話と自己との対話とを繰り返しながら形成された自己の読みを、他者のそれと交流することは有意義である。

次に、図3「『読むこと』領域における対話の構造」（p.15）に基づき、自己との対話を活性化する基本発問をまとめる（注4）。

教材：テキスト（本や文章）…書き手
　…A－1（テキストとの対話）A－2（書き手との対話）

i 人物
①登場人物の言動や性格について、あなたはどう思いますか。そう思うのはどうしてですか。
②あなたが登場人物だったら、何と言いますか。また、どのように行動しますか。そのようにするのはどうしてですか。

ii 表現
③あなたが優れていると思う表現はどのようなところですか。そう思うのはどうしてですか。
④どの表現が一番心に残っていますか。それはどうしてですか。
⑤今後あなたが活かしたいと思う表現にどのようなものがありますか。そう思うのはどうしてですか。

iii 構造
⑥どのような構造の工夫が読み手を引き込んでいくと思いますか。そう思うのはどうしてですか。
⑦作品の構造を工夫することは、今後どのようなときに活かせそうですか。そう思うのはどうしてですか。

iv 視点
⑧どのような視点の工夫が読み手を引き込んでいくと思いますか。そう思うのはどうしてですか。
⑨視点を工夫することは、今後どのようなときに活かせますか。そう思うのはどうしてですか。

v 書き手
⑩あなたは、書き手がどのようなことを伝えたかったと思いますか。そう思うのはどうしてですか

自己 …B（自己との対話）
　上記の①から⑩の発問に即して互いの感じ方や考え方を交流する。
他者 …C（他者との対話）

実践例

相手や目的を意識した自己の考えの形成

〈単元全体の構想〉

1 学　年　第6学年
2 単元名　「最高のお土産話をもう一度」
3 教材名　「出会いにありがとう」（東京書籍　6）
4 主に付けたい能力
　○伝えたいことから話題を決め、体験で得た知識や情報を関係付ける能力
　○目的や意図に応じて、伝えたい事柄が明確に伝わるように、話の構成を工夫する能力。
5 単元の構想

【第1次】
　○保護者の感想から、修学旅行のお土産話をしてよかったという達成感、成就感を味わう。
　○5年生の手紙を読んで、修学旅行のお土産話を伝えたいという意欲をもち、5年生に修学旅行の楽しさを伝えるための学習計画を立てる。

【第2次】
　○5年生に対して、どんな話題をどのように話したらよいかを考える。
　○プレゼンテーションの台本をつくり、練習をする。

【第3次】
　○お互いのプレゼンテーションを交流し、改善点を伝え合う。
　○5年生に、プレゼンテーションをし、感想を聞く。

Part 4

▶ポイント　言語活動への意欲を生む相手・目的の明確化

相手や目的が明確になると「どう伝えようかな？」「こんなことも伝えたらいいな！」という意欲が生まれる。

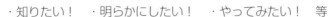「…たい」を生む工夫が大切！

- ・話したい！　・聞きたい！　・読みたい！　・書きたい！　・考えたい！
- ・知りたい！　・明らかにしたい！　・やってみたい！　等

本単元では、子供たちの「伝えたい！」「話したい！」という意欲を生むために、相手意識、目的意識を明確にする工夫を行った。

第1次　「5年生に修学旅行の楽しさを伝える」というめあてをもつ

みなさん、お家の方に、修学旅行のお土産話をしてあげましたね。みなさんに秘密で、お家の方から感想をいただいています。

- ・自由時間のことなど、楽しかったことをたくさん話してくれました。
- ・笑顔で話してくれたので、楽しかったことがとても伝わってきました。

⇔ ぼくのお土産話をとても喜んでくれたんだね。

お土産話をしてあげて、本当によかったわ！

実は、5年生からもお手紙をもらっています。読んでみましょう。

- ・来年、私たちは修学旅行に行きます。6年生のみなさんに修学旅行でどんなことがあったのか、ぜひ聞いてみたいです。

5年生に、修学旅行について教えてあげたいな！

たくさんあった楽しいことを伝えたいな！

修学旅行の「何を」「どのように」伝えようかな？!

私は、体験学習について話そうかな…

自己との対話の始まり

ぼくは、動物園での出来事について伝えてみたいな…

▶ **ポイント　相手や目的に応じた考えの形成**

　何かを伝えるときには、常に目的意識、そして相手意識をもつことが大切である。特に「話す」という言語活動においては、「相手と同一時間、同一空間を共有する」という特性があるため、より相手意識を強くもつ必要がある。相手のニーズや自分との関係などを意識して、自分の考えを形成していくことが大切である。

第2次①　5年生に修学旅行の楽しさを伝えるための話題を決めよう

　私は、体験学習について伝えたいけど…。
　5年生はどんなことを聞きたいだろう…？

5年生について考えよう。

5年生という学年はこんな学年	きっとこんなことを知りたい！？	私が5年生のときはこんなことが知りたかった！
・来年修学旅行に行く。 ・修学旅行をとっても楽しみにしている。	・どこに行くのか？ ・どんなことをするのか？ ・持ち物などは？	・おこづかいはいくら？ ・どんなホテルなの？ ・自由に遊べる時間は？
相手に対する事実	相手に対する予想	自分の体験・経験

　5年生のことを考えると、体験学習のことだけでは、不十分だな…。「どこに行く」「どんなことをする」など基本的な情報も伝えてあげる必要がありそう…。

　何もないところから自己との対話は生まれない。活動の目的、自分の思いや願い、相手や対象との関係などを明確にしていくほど、自己との対話は促進される。本単元では「5年生像」を明確にしていくことで、話題を決定する際の自己との対話を促すようにした。

第2次② どのような話し方をするか考えよう

どんな話題で話すか、決定したぞ！

修学旅行の基本的な情報
・何月ごろなのか
・どこに行くのか
・おこづかいはいくらか
・持ち物はなにか

自分の心に残った体験
・体験学習で陶芸に取り組んで楽しんだこと
・動物園で、はじめて見た動物に驚いたこと

どんな話し方をしたらよい？

修学旅行についての事実を伝える目的だから…。

自分が楽しかったことを伝えることが目的だから…。

目的を意識した自己との対話

事実を伝えるのだから、端的に話そう。
正確に伝えるために、紙に内容を記述した資料も用意しよう。

そのときの様子が伝わるように描写を入れた話し方をしよう。
写真を使って、様子がより伝わるようにしよう。

自己の考えの形成

2 読みの深化を図る書き手との対話

　前項において、自己との対話の重要性を述べた。ここでは、書き手との対話について述べる。前述したように、読む行為は、書き手が言わんとすることを理解するのでなく、単に自分自身の中にそこを映し出しているに過ぎない。しかし、誤読は修正すべきであり、独善的な読みへ傾斜しないようにすることが重要である。そのためにも、書き手の意図などと対話をしながら、読みの深化を図ることができるような指導が必要である。

　文学的な文章を読む子供たちは学年が上がるにつれて、テキストの書き手に関心をもつようになる。この作品を書いた人はどのような人物なのであろうとその人物像に興味をもって調べたり、その他の作品を読み広げたりする。物語の中には文庫やシリーズもあり、子供たちには国語授業のみならず自由な時間にそれらの読書を楽しむ。そのことがお気に入りの作家を中心とした読みにも拡充する。

　教科書に配列された説明的な文章は、書き下ろしが多い。それらの説明的な文章は、その文章の原典ともなる本などの作品と重ねて読んだり、違う書き手の文章と比べて読んだりすることで教科書教材には書かれていない知識を得、ものの見方や考え方が広がったり深まったりする読みの喜びがある。中でも伝記は、取り上げる人物は同じでも、書き手によって様々な捉え方があり、それらを検討することは自分の生き方を考える視点を広げることができる。このように書き手と対話することは、読書生活を豊かなものにする。

　次は、文学的な文章、説明的な文章のそれぞれにおいて書き手との対話を言語活動として位置付けた指導事例の一部である。

■文学的な文章における書き手との対話
【第2学年：お手紙】
◆単元名：作家になって「がまくんとかえるくんのお話」を作ろう
◆指導概要：本単元では、「ふたりは…」シリーズをモチーフとしたお話作りをする。シリーズ作品となると、他作品との整合性が問われる。全く自由な形式でのお話作りではなく、創作の条件や枠組みが重要となる。それが作品を読むための視点となるが、要は作家がどのように「お手紙」という作品を書いているかを読んでいくことである。作者という書き手と対話するための読みの視点は、次のとおりである。
・登場人物（がまくんとかえるくんの性格や人柄、成長の様子、ふたりの関係）
・時や場（「ふたりは…」シリーズの舞台となる場所や時間、時代背景）
・事件の発端・展開・結末（どんな事件が起きるのか、作品の構造）
・表現や文体（地の文・会話文の語り口調、特徴的なフレーズや台詞）

■説明的な文章における書き手との対話
【第4学年：ヤドカリとイソギンチャク】
◆単元名：説明文を実験報告文に書き換えよう
◆指導概要：教材「ヤドカリとイソギンチャク」は、筆者が問いと答えを繰り返しながら、実験と観察の過程を説明した文章であるため、報告文への書き換えに必要な語や文を見付けやすい。説明文を実験報告文の形に書き換えるためには、筆者という書き手の立場に立ち、説明文の段落相互の関係や事実と意見との関係を分析し、報告文への書き換えに必要な語や文を引用する。報告文の目的（きっかけ）、方法、結果、考察に当たる部分が、説明文のどこにあるかを見付ける読み方が必要となるということである。そのためには、段落の要点を捉え、特に、事実とそれに基づく意見との関係など段落相互の関係を考えて読むことができるように、色分けをして見出しを付けながら読むことを指導する。

実践例

作者と対話しながら読み、自分の解釈をつくる指導

〈単元全体の構想〉

1　学　年　第6学年
2　単元名　「作者と対話しながら読み、自分の解釈をつくろう」
3　教材名　「きつねの窓」（教育出版　6下）
4　主に付けたい能力
　○登場人物の相互関係や心情、場面についての描写を捉え、優れた叙述について自分の考えをまとめる能力
　○複数の本や文章などを選び、比べたり重ねたりして読む能力
5　単元の構想
【第1次】
　○「きつねの窓」に出会い、作品の大体をつかんで不思議だったところやおもしろかったところを交流する。また、作者についての想像をふくらませる。
　○作品と作者を重ねながら読み、作品についての自分の解釈をつくり、伝え合うという学習のめあてを立てる。
【第2次】
　○ファンタジーの「現実―非現実―現実」構造をつかみ、人物像、人物同士の関係、「窓」に見えたものの意味などを考えながら繰り返し読む。
　○「作者である安房直子はこの物語で何を伝えたかったのか」を作品と安房直子についての情報を重ねて読み、自分なりの解釈をつくる。安房作品を多読し、作風を感じ取る。
【第3次】
　○「きつねの窓」に対するお互いの解釈や優れた叙述についてのまとめを読み合い、自分の考えを広げたり深めたりする。

Part 4

▶ポイント　作者との出会いの演出

　子供たちが作品と出会うとき、作者名に注意して読むことはあるが、作者そのものと作品を重ねて読むことはあまりない。しかし、私たちの読書生活は作者と共にある、という一面がある。ノーベル文学賞候補に挙げられる村上春樹氏のファンを著す「ハルキスト」という言葉もあるくらいである。つまり「作者を読む」という読みの楽しさがあるのである。そんな楽しさを子供たちにも味わわせたいと考えた。

第１次　作者についての想像をふくらませよう

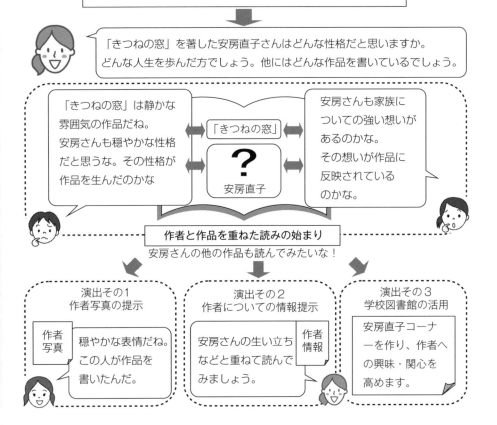

Part 4　対話的な学びの過程を重視した AL 型国語授業づくり

▶ **ポイント**　ジグソー法を活用した作風を捉える工夫

ジグソー法活用の手順

STEP1　グループの中で読む本を分担する

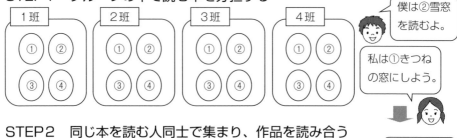

STEP2　同じ本を読む人同士で集まり、作品を読み合う

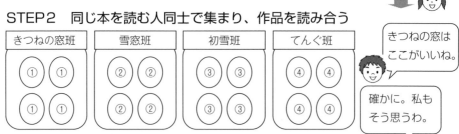

STEP3　もとのグループに戻り、読んだ本を紹介し合う

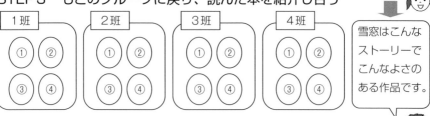

STEP4　グループでまとめたことを発表し合う

第2次　安房直子の作品を多読し、作風をつかむ

もとのグループに戻り、読んだ本を紹介し合う。

「きつねの窓」の主人公は、孤独な感じでした。家族の思い出を大切にしています。想像を膨らませる結末でした。

「雪窓」も孤独な男性が主人公です。亡くなった娘への思いがテーマの作品です。非現実世界の出来事が印象的でした。

「初雪」も寂しげな女の子が主人公です。はっきりしない結末で、テーマは何だったのか考えさせられました。

他の作品の紹介を聞くと「てんぐ」の主人公も、友達や家族との描写がなかったので、孤独であるといえると思います。

お互いの発表の共通点や相違点から作風をさぐる。

共通点
- 孤独な主人公を描いていることが多い。
- はっきりとしない結末が多い。
- 家族との思い出などが描かれているものも多い。

相違点
- 「てんぐのくれためんこ」だけは、静かな記述だけでなく、きつねとの白熱のめんこ対決を描いていて他の作品との違いがある。

捉えた作風を全体で発表し合う。

作品の共通点から、安房さんの作風として、孤独な主人公を描いていることが挙げられます。また結末をはっきりと示さず、読者の想像を促すものが多いです。そのため読者がそれぞれ自分なりの考えをもつことができるよさがあります。

3 子供同士の話合いの活性化

　子供同士の話合いを仕組むことにより、授業は活性化する。それはペアや小集団という形態だけでなく、全体での話合いも含まれる。教師の発言を控え、子供個々の発言機会を保障するといった量的な側面からのアプローチによりアクティブ・ラーニングは加速する。子供相互に教え合う学習などを仕組むことにより、学んだことが記憶に残るという研究成果があるように、話合いの効果は大きい。ここでは、ただそれを仕組むだけに留まらず、メタ認知という観点から子供同士の話合いを活性化していくことについて検討する。

　メタ認知とは、自らの認知を一段高い地点からモニターしコントロールする働きである。「メタ」とは、「上位の」という意味である。具体的な事例として、佐藤（2013年）は、英単語を覚える場合を取り上げ、「上手な学習者は、時々確認テストを挟んで、どの単語を覚えて、どの単語を覚えられていないかをモニターする。そしてその結果に応じて、覚えていない単語を重点的に復習する。これに対して下手な学習者は、例えばどの単語20回ずつ書いて、その成果を確認することもなく、勉強を終えてしまうだろう」と述べている。話合いも同様に考えることができないか。話合いそのものをメタ認知し、それらを活性化させる方途を検討する必要がある。佐藤は、メタ認知には、次のような働きがあるとしている（注5）。

■メタ認知的活動：モニタリング、コントロール
①自分の認知活動を見つめ監視する（モニタリング）
②学習や思考の仕方を調整したり必要に応じて修正したりする（コントロール）
■メタ認知的知識：メタ認知的活動を適切に実行する知識
　①自分の成績が低下してきていると分かる（モニタリング）だけでは、よい学

習者とはいえない。そのことに気付いたら、②適切な対応（コントロール）をとらなければならない。そのためには、③どう学習すればよいかという知識（メタ認知的知識）が不可欠である。

このようなメタ認知能力の視点を踏まえた、話合いの活性化のポイントを15にまとめた。

■**他者の観察を通してモニタリングの能力を高める（他者を通した自己の客観化）**
①他者が話している様子（非言語を含め）をよく見、耳を傾けて聞く（観察する）。
②他者が話している内容を確認しながら、注意深く聞く（観察する）。
③他者が話している内容について、自分との共通点を探しながら聞く（観察する）。
④他者が話している内容について、自分との相違点を探しながら聞く（観察する）。
⑤他者が伝えようとしている中心を押さえながら聞く（観察する）。
⑥他者の行為（活動）について、よい面を探しながら観察する。
⑦他者の行為（活動）について、改善や工夫が必要な点を探しながら観察する。
⑧他者を自分に置き換え、自分だったらどうするかを考えながら観察する。

■**他者との対話を通してコントロールの能力を高める（自己内に他者を取り込む）**
⑨自他の目標や課題そのもの、その設定の理由についての共通点や相違点を探る。
⑩自他の目標の達成や課題の解決への見通しについての共通点や相違点を探る。
⑪他者の目標の達成や課題の解決のためのプロセスとしてのグッドモデルに学ぶ。
⑫他者の目標の達成や課題の解決のためのプロセスとしてのエラーモデルに学ぶ。

■**メタ認知的知識の可視化や累積化を図る（習得と活用の往還を図る）**
⑬目標の達成や課題の解決を図る方略（話合いの進め方）を知識として得る。
⑭目標の達成や課題の解決の途中における評価活動を重視する。
⑮目標の達成や課題の解決に必要な知識や技能などを手引き化して随時活用する。

実践例

ペアでの対話における指導

〈単元全体の構想〉

1　学　年　第４学年
2　単元名　「かけあい落語*」（二人一組で行う落語）をしよう
3　教材名　「ぞろぞろ」（教育出版　４上）
4　主に付けたい能力
　○場面の様子について登場人物の会話を中心に想像し、人物の性格や気持ちの変化などを読む能力
　○内容の中心や場面の様子がよく分かるように音読する能力
5　単元の構想
【第１次】
○落語について、見たことがあるか、どんな特徴がある言語活動かなどを話合う。
○登場人物の性格などを読み、二人一組で落語を演じるという単元全体のめあてをもつ。
【第２次】
○登場人物の会話や行動に着目して人物像を読む。
○捉えた人物像をもとに、繰り返し音読する。
【第３次】
○互いの表現の違いなどに注目しながら、落語を演じ合う。

＊かけあい落語とは…
　筆者の造語。実際の落語は、１人の語り手が全ての登場人物を演じるが、２人で役割を分担して落語を行い、会話などのかけあいの楽しさを味わいながら行う言語活動。

▶ポイント　ペアでの対話が機能する言語活動の位置付け

　ペアでの対話は、子供たちが活発に取り組む。しかし、活発さの割に単元や授業の狙いの達成に機能している例は多くはない。ペアでの対話が必然となるような言語活動を、単元全体を通して位置付けることが大切である。本単元で扱う教材「ぞろぞろ」には、次のような特徴がある。

> ○聞き手に向かって語られる「落語」という形態である。
> ○最後に「落ち」と呼ばれるおもしろい結末がつく。
> ○登場人物が７人おり、１人の語り手がそれぞれの声色で語っていく。

　実際の落語のように、子供１人が７人の登場人物の声色で落語を演じていくのは現実的に難しい。一方、「一人一役の分担」という形で行っていくことは、本来の落語を演じるおもしろさを味わうことができない。そのため、ペアでの対話を軸にして１人２～３役を分担し、無理なく活動を行うことで、人物像を捉えて音読する能力を高められるように工夫することとした。

本単元の言語活動

７人の登場人物を役割分担

私は、「茶店のばあさん」と「床屋の親方」「客２」をやるわ。

僕は、「茶店のじいさん」と「客１・３・４」をやるよ。

２人で落語を演じる

　次のような単元でも、ペアでの対話を軸にした実践が可能である。

「お手紙」
（光村２年など）
・がまくん、かえるくん、地の文を分担して音読劇。

「木竜うるし」
（教出４年）
・権八、藤六という２人の人物の気持ちをとらえた朗読劇。

▶**ポイント　ペアでの対話の基本は聴き合い**

　ペアでの対話は、グループや全体の話合いより自由度が高く、具体的な指導内容が見えづらい活動である。例えば、次のような内容をおさえて指導するとよい。

ペア対話の基本
○お互いの体を向かい合わせたり、同じ方向を向いたりしましょう。
　（顔だけ向けて、体は逆の方…は×。心を通わせることが大切。）
○丁寧な言葉より、話しやすい普段の言葉で話してみましょう。
○考えてから話す、のではなく、話しながら考えをつくっていきましょう。
　（どんどん話して、どんどんアイディアなどをふくらませましょう。）
○相手の話を聴きもらさず、自分の考えにつなげていきましょう。

　次のような言葉を使えるようになると、対話が活性化していく。

「～してみよう！」「～したらどうかな？」（提案）

「やってみよう！」「こんな感じ？（実際にやってみる）」（試行）

「うん、いいね！」「もうちょっと、こうしたら…。」（評価）

「どうしたらうまくいくかな？」「こうしてもよいのかな？」（質問）

「自分だったら、こうするな。」「自分もそう思うよ。」（助言）

　子供たちの対話には、自然とこのような言葉が出てくる。それらを聴き逃さずに互いに対話することが大切である。国語科のみならず、各教科等で対話が活性化するよう学級全体で対話のポイントを共有すると効果的である。

学級掲示で共有財産化！

対話のポイントは…
◇提案
　・
　・
◇試行
　・
　・
◇評価
　・
　・
◇質問
　・
　・
◇助言
　・
　・

具体的な指導場面（第2次）

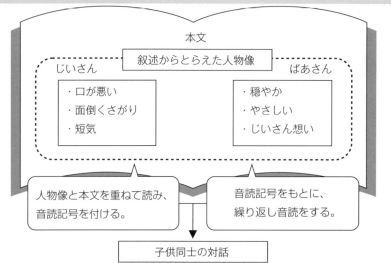

T：人物像と本文を重ねて読んで、2人で相談しながら音読記号を付けてみましょう。
（ペアで対話しながら音読記号を付ける。）
〈ペアの対話例〉
C1：「『おかげで、この店で休む者だってありゃしねえ。』は、投げやりな感じだよね？」
C2：「ああ〜。そんな感じ。だったら、強く読んだほうがいいかな。」
C1：「全部じゃなくて、『ありゃしねえ。』の所を、特に強くした方がいいんじゃない？ 何か、はき捨てるような感じで。」
C2：「そうだね！ ちょっと読んでみて。」
（C1、実際に読んでみる。）
C2：「ああ！ とてもいい感じ！」
（同様に音読記号を付けていく。）

C2さんは、C1さんの言葉に対して、いつも応答していますね。

教師の指導・助言

C1さんは、C2さんが応えやすいように、問いかける形で提案や確認をしています。

Part 4　対話的な学びの過程を重視したAL型国語授業づくり　81

話合いを成功に導くポイント

　前項で述べたとおり、国語科のみならず様々な言語生活の場面において、子供同士の話合いを活性化させ、相互の思考を広げ深めていくことは重要である。話合いを成功に導く観点やチェックポイントを示す。

■**話合いの主体**
　話合いの主体は子供たちであり、意欲的かつ建設的な話合いを構築しようとする態度を基盤に据える。何より話合いを全員で賛同できる方向に辿り着かせようとする意志の統一が必要である。具体的な指導としては、「司会者の手引き」の作成のみならず、「フロアの手引き」といったものが有効である。話合いが停滞したり、一部の意見に引きずられたりするような状況に対し、その打開策をフロアから提起し、軌道修してもよい。フロアも司会者と一体となって問題に対処することが重要である。

■**話合いの形態**
　話合いとは、「対話・対談・鼎談・協議・討論・バズセッション・パネルディスカッションなど」を総称した意味で用いられる。それぞれの形態に応じた指導が必要である。具体的には、年間指導計画の中に、これらの形態を明記し、系統的に指導する。中でも、討論等の形態は話し合う方法を学ぶという観点からも意図的な指導が必要である。なお、それぞれの形態におけるポイントをマニュアル化したものを学習資料として常備させたい。

　次に、話合いを成功に導くためのチェックポイントを示す。

■話合いを成功に導くためのチェックポイント

〈観点〉　　　　　　　　　　　〈ポイント〉

ア　話合いの目的…………………①なぜ、話し合うのですか。
　　　　　　　　　　　　　　　　②何を解決する話合いですか。
イ　話合いの意義・必要性………③話し合うことで役に立つことはどんなことですか。
ウ　話合いの対象・内容・事柄…④何について、何をどうすることについての話合いですか。
エ　話合いの収束・終結…………⑤結論を出すのですか。意見を集約するだけですか。
　　　　　　　　　　　　　　　　⑥多数決で決めていいのですか。
オ　話合いの処理…………………⑦話し合ったことをどうするのですか。（どうなるのですか）
カ　話合いの主体…………………⑧結論を出すのは誰ですか。
　　　　　　　　　　　　　　　　⑨教師はどんな立場ですか。
キ　話合いの意志…………………⑩最終的に賛同できる答えに辿り着こうとしていますか。
ク　話合いの位置付け……………⑪話合いの前後の活動とどう関連させるのですか。
ケ　話合いの準備…………………⑫どんな準備をして話合いに臨めばいいのですか。（心的・物的）
コ　話合いの形態・様式…………⑬どんな形態・様式での話合いですか。
サ　話合いの情報…………………⑭問題解決に必要な情報を全員が共有していますか。
シ　話合いの司会・フロア………⑮どのように司会・進行することが大事か分かっていますか。
　　　　　　　　　　　　　　　　⑯フロアはどんなことに気を付けて話し合えばいいのですか。
ス　話合いの時間…………………⑰何分（時間）以内で話し合うのですか。
セ　話合いの分担…………………⑱話合いの役割や分担はどうするのですか。
ソ　話合いの構築…………………⑲反論も受け入れて、建設的に議論を構築していく態度を大事にしていますか。
タ　話合いの基盤…………………⑳円滑に話合いを進められそうな集団ですか。

実践例

話合いの目的の明確化と可視化

〈単元全体の構想〉

1　学　年　第6学年
2　単元名　「読んで話し合って、『便利とは何か』を考えよう」
3　教材名　「便利ということ」（教育出版　4下）
4　主に付けたい能力
　○自分の考えをつくるという目的をもち、中心となる語や文を捉え、段落相互の関係や事実と意見との関係を考える能力
　○目的や必要に応じて、文章の要点に注意しながら、文章などを引用したり、要約したりする能力
5　単元の構想
【第1次】
　○「便利ということ」を読み、筆者の「便利」についての考えを知る。
　○身の回りにある便利だと思うものを出し合い、「便利」ということについて話し合う。
【第2次】
　○自分の考えをもちながら、「便利ということ」を筆者の主張や論の展開、事実と意見などに注目して読む。
　○文章を読んで考えたことを発表し合い、自分の考えを形成する。
【第3次】
　○「便利」ということについての自分の考えを文章にまとめ読み合う。

▶ポイント 子供たちの視点を広げる発問や指示の工夫

第2次 段落の役割と関係を捉え、自分の考えをひろげる

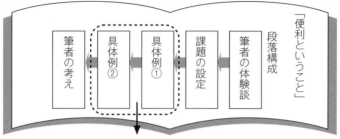

視点を広げるかかわり①　本文と実生活を重ねる発問

筆者は「はさみ」と「歩道橋」の具体例を用いて論を展開しました。みなさんも生活の中で「便利だな」と思った例はありますか。出し合ってみましょう。

点字ブロックを見たことがあるわ。目の不自由なひとにとってとても便利だね。

音が鳴る信号機があるね。耳の不自由な人のために作られたものだよ。

視点を広げるかかわり②　子供の認識をゆさぶる発問

点字ブロックは確かに便利です。しかし、車いすに乗っている方にとってはとても進みづらいものなのだそうです。本当に点字ブロックは便利なものだといえるでしょうか。

そんな例があるんだね。本文にもあるように、立場によって便利でないこともあるんだ。

車いすに乗っている方が困っていたら、お手伝いをしたらいいんじゃないかな。

視点を広げるかかわり③　一般化を図る発問

つまり「便利」とはものだけでなく、互いに助け合う心もないと実現しないということですね。

みんなを思いやる心が、最大の「便利」なのじゃないかな。

便利なものには、作った人の思いやりの心が表れているんじゃないかな。

▶ポイント　話合いの目的の明確化

　話合いは、大きく分けて「協議」と「討論」の二つがある。「協議」は結論等をいくつかに絞ることであり、「討論」は多くの意見を関係付けながら自分の考えをつくっていくものである。子供たちに話合いを行わせる場合には、話合いの目的が「協議」なのか「討論」なのかを示すことが大切である。

話合いの目的を伝える

協議を行う場合の教師の指示例

> 「便利ということ」について、筆者の主張が最も表れている段落をグループで話し合って決めましょう。

> 「便利ということ」は筆者の体験談から論を展開しています。体験談から始めた目的をグループで話合い、理由を一つに絞りましょう。

> 「便利ということ」の具体例は二つ挙げられています。もし、具体例を一つ増やすとしたらどんな例をあげますか。グループで調べ、具体例を一つ増やしてみましょう。

討論を行う場合の教師の指示例

> 「便利ということ」の結論について、あなたは賛成しますか、反対の立場ですか。互いの考えを発表し合いましょう。

> 「便利ということ」を読んで、あなたは「便利」についてどう考えましたか。自分の考えを整理し、発表し合いましょう。

> 「便利ということ」を読んで、「便利な社会」とはどのような社会になることだと考えましたか。互いの発表を聞き合い、自分の考えをつくりましょう。

▶ポイント　話合いの可視化

　話合いは音声言語を中心に行われるため、後に残らないという特性をもつ。互いの発言を残し、どのようなプロセスで結論に至ったのか、自分の考えの形成が行われたのか、ということを見つめ直すためにも話合いの可視化は重要である。

協議における可視化の例

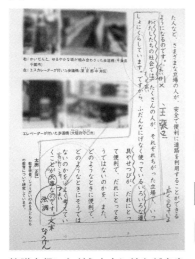

協議を行いながら本文に線などを書き込んだ例（出典：太田正巳『「便利」ということ』（教育出版4下、p.81））

　筆者の主張が最も表れている段落はどこでしょう。みんなで話し合って、一つに決めてみましょう。

　最後の段落は、「私たちの社会では」と述べて、今までの記述をまとめている段落だね。

（記録者が「私たちの社会」を〇で囲む。）

　最後の段落の文末は「大事なのです。」と強調されているから、ここが主張だと思うな。

（記録者が「大事なのです。」に線を引く。）

討論における可視化の例

　『「便利」ということ』を読んで、「便利」についての自分の考えを発表し合い、考えを広げたり深めたりしましょう。

黒板

- より便利なものがつくられるとよい
- 思いやりの心がないと本当の便利ではない
- 現段階での子供の考え
- ネームプレート
- 考えを変更する場合は移動可
- 討論の際は、自分の考えや立場を明確にする可視化を行うことが大切である

質の高い話合いを実現する手立て

　質の高い話合いを実現するためには、前述したようにメタ認知を重視すること、そして、話合いを成功に導くポイントを整理したように、話合いの目的や方法、形態等を随時検証していくことが重要である。ここでは、話合いの中で最も頻度が高い小集団での話合い場面において、質を高めるための手立てについて述べる。次に、小集団の話合い場面の構造を示す（図7）。

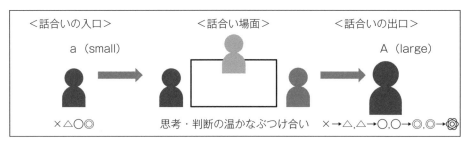

図7　小集団の話合い場面の構造

> ■ 〈話合いの入口〉における手立て
> ○課題に対する自分の考えをもつことを重視する。その際、自分の考えが明確である（◎）、自分の考えがあるが不明確な部分がある（○）、自分の考えに不十分なところが多い（△）、自分の考えをもてない（×）といった自己評価を促す。能力差は各教科等の様々な場面で生じるが、それぞれの状況を改善するために話合いが設定されるという意義を強調し、個々の状況を率直に出し合うことができるような差別のない居場所を確保する。
> ○自己評価を基づき、小集団の中で何を知りたいのか、どのようなことを解決し、確認したいのかなどを、話合いの前に自分なりに整理する。特に、△・

×の子供が理解できない部分やその理由を進んで明示できるような開かれた国語教室をつくることが、話合いの成立には不可欠である。
○教師は、話合いのテーマや課題、内容、観点、方法、まとめ方、時間などを示す。特に、収束を目的とする協議(一つの結論を出す)であるのか、拡散を目的とする討議(多様な考えに出す)であるかを明示する。
○話合いの出口で、相互評価の場が用意されると活性化にもつながる。

■ 〈話合い場面〉における手立て
○小集団の成員は無作為(座席周辺)か、意図的かを検討する。ジグソー法などの取組が効果を上げており、意図的な成員の編成を工夫したい。
○話合いは、思考と判断の温かなぶつけ合いの場である。先にあるのは批判ではなく共感である。相手の考えとその根拠や理由に耳を傾けること、聴くことが共感である。その上で、自分の考えを丁寧に伝え、それをつなげていく。質問や反論がある話合いを目指す。特に反論には違う考えが相互の考えを成長させる意義があることの認識を醸成していく。
○話合いは、消えてなくなる音声言語が中心となる。それを可視化する資料を用意する。ワークやノートの記述を見せ合う、ボードなどに記録し整理するなどする。収束か拡散かの目的に合わせたベン図やチャート、ツリーなどのシンキングツールを用いたり、ICTを活用したりする。

■ 〈話合いの出口〉における手立て
○話合いの入口a(small)が出口でA(large)になる模式は、個々の考え方などの深化することを意味する。話合いの入口での自己評価の×から◎のそれぞれの状況が1段階でも上がったことを子供が実感できる話合いが成功と言えよう。出口では相互の考えの広がりや深まりを共有する。

実践例

話合いの目的の明確化と可視化する具体的な手立て

〈単元全体の構想〉

1 学　年　第4学年
2 単元名　小動物の冒険物語を書こう
3 教材名　「物語を書こう」（教育出版　4下）
4 主に付けたい能力
　○関心のあることなどから書くことを決め、目的に応じて必要な事柄を集めたり、調べたりする能力
　○文章全体における段落の役割を理解し、自分の考えが明確になるように、段落相互の関係に注意して文章を構成する能力
5 単元の構想
【第1次】
　○今までの読書体験を振り返り、おもしろいと感じたり、心に残ったりした物語について話合う。
　○「小動物に変身して冒険する物語を書こう」という課題を設定し、学習計画を立てる。
【第2次】
　○物語の構成要素（時間や場所、問題状況の設定、登場人物の性格や行動、心情の変化、事件の展開と解決など）をもとに、大まかな話の筋を考える。
　○下書きを交流することでお互いのよさを伝え合い、よりよい作品になるよう推敲する。
【第3次】
　○お互いの作品を読み合い、おもしろい叙述や心に残った叙述を見つけたり、感想を伝え合ったりする。

▶ポイント　話合いの目的を明確化する手立て

　子供たちは自分の発想を活かせる「物語の創作」が大好きである。そんな子供たちの思いを大切にして創造的な表現をすることの楽しさを実感させることがまず何より大切である。その上で次のような物語の構成要素をおさえて指導していく。

> ○主人公やその他の登場人物がそれぞれの役割をもっていること
> ○フィクション（虚構）の世界が物語られていること
> ○冒頭部に状況や登場人物が設定され、事件と解決がくり返されること
> ○発端から結末へと至る事件展開によって構成されていること

　これらのことを教師が教え込むだけでなく、子供たちの読書体験を振り返ることで認識させていくことが重要である。その際には、話合いの目的が「拡散させる話合い」なのか、「収束させる話合い」なのかを意識して進める。

拡散させる話合い⇒場づくりや話しやすい雰囲気がポイント！

第1次　おもしろかったり心に残ったりした物語を話し合おう

STEP1　パーソナル・ワーク
展示された物語を見て、心に残った物語のブースに移動。

うわあ、この本！
僕はこの物語が好きだよ！

STEP2　グループ・ワーク
同じ物語を選んだ友達同士で心に残る理由を出し合う。

ここがよかったよね！

わかる！　僕は、ここも心にのこったよ！

STEP3　クラス・ワーク
全体でお互いが選んだ物語のよさを聞き合う。

私は、この物語のここが好きなんです。

わかる！　そこ、よかったよね！

上の写真のように、譜面台を使うと、簡単に絵本を展示できる。既習の物語を展示するとおもしろさなどを共有できる。教室が「物語の森」に変身！

物語っておもしろいな！
自分でも書いてみたいな！

| 収束させる話合い⇒教師のかかわりが重要！ |

第2次　物語の構成要素を考えよう

　前ページでは、子供たちが思い思いに自分なりに感じた物語の楽しさやおもしろさについて出し合っていった。視点ごとに教師が板書にまとめ、物語の構成要素に基づいたおもしろさを実感させることが大切である。

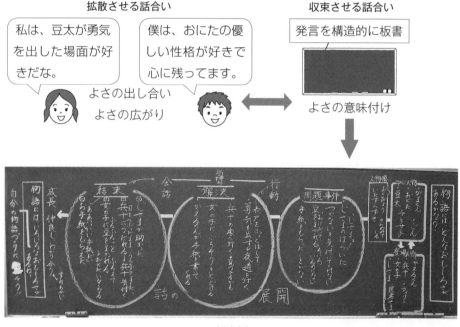

板書例

　「拡散させる話合い」は活発に行われる。しかし、「言いっぱなし」「出しっぱなし」に終わることもまた多いのである。そこで、意図的、構造的に子供たちの発言を板書に位置付ける。そのことで子供たちは「物語にはこんな視点のおもしろさがあるんだ。」「自分が『おもしろい』と思っていたことは、こういうことだったんだ。」ということをつかむことができる。おもしろさの視点一つ一つを物語の創作において活用できる視点にしていくことができる。

▶ポイント　話合いを可視化するシンキング・ツールの活用

　質の高い話合いを行うためには、「何を話し合っているのか。」「自分の意見は、話合いにどのように役立っているか。」などを可視化することが大切である。「シンキング・ツール」を活用すると、そんな話合いが実現できる。下のツールは、縦軸、横軸で構成される「座標軸」と呼ばれるものである。「座標軸」は、拡散させる話合いにおいて出された意見を分類・整理するのに効果的だ。多様な考えに気付かせることもできる。「シンキング・ツール」は話合いの目的に応じて活用することが大切である。

話合いを可視化する「シンキング・ツール」の活用

第2次　物語の山場から結末までを短くする？　長くする？

「ごんぎつね」は山場から結末が短い記述で終わります。一方、「モチモチの木」は山場から結末までが長い記述ですね。それぞれのメリットなどを考えて、自分の創作に生かしましょう。

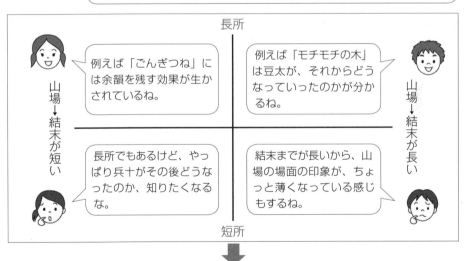

私は、冒険から戻った自分が、冒険で学んだことを活かして生活していく様子を書きたいから、山場から結末までを長く書くようにしよう。結末で、冒険で成長した自分を書きたいな。

Part 5

主体的な学びの過程を重視した アクティブ・ラーニング型 国語授業づくり

1　国語授業における見通しの充実

　見通しとは、何を見通すのであろうか。基本的には、目標、内容、方法の3要素である。それらを国語授業について当てはめる（図8）。

【目標】
目標（単元全体・一単位時間）到達の姿
→言語活動の具体的なゴールイメージ
　（相手、目的、場面、状況　等）

【内容】
目標（単元全体・一単位時間）の到達に必要な学習内容
→既習内容の確認と今後の学習内容の検討

【方法】
目標（単元全体・一単位時間）の到達に向かう手段や手順
→言語活動の遂行過程（方略、順番、時間、形態　等）

　単元全体の見通しをもった子供の声は、おおよそ次のようになる。

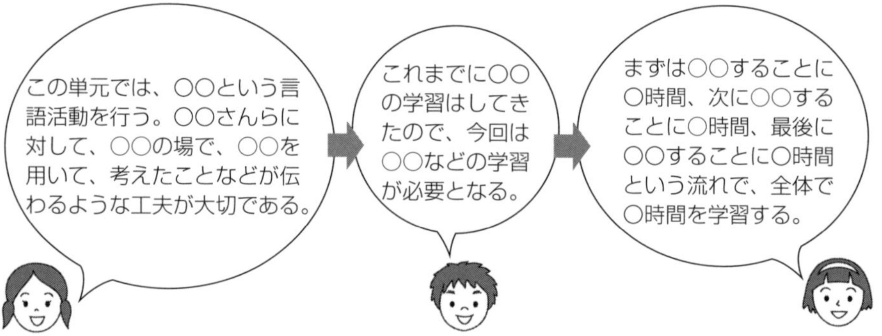

この単元では、○○という言語活動を行う。○○さんらに対して、○○の場で、○○を用いて、考えたことなどが伝わるような工夫が大切である。

これまでに○○の学習はしてきたので、今回は○○などの学習が必要となる。

まずは○○することに○時間、次に○○することに○時間、最後に○○することに○時間という流れで、全体で○時間を学習する。

図8　国語授業における見通しの3要素（「目標」・「内容」・「方法」）

国語授業において、単元全体の見通しをもたせるための学習課題は重要である。その設定の仕方について、単元の第1次での学習活動の具体例を示す。

■第1学年：おおきなかぶ
　単元名：世界のいろいろな国の昔話の読み聞かせをしたり聞いたりしよう
→昔話を世界地図に整理する。ロシア民話「おおきなかぶ」や世界の昔話の読み聞かせを聞いたり、読み聞かせをしたりするという学習課題を設定する。

■第2学年：ビーバーの大工事
　単元名：動物のひみつについて、クイズを出し合おう
→知っている動物のひみつを出し合うことで、それらを交流するという意欲を高めるとともに、「はい」「いいえ」といった一問一答ではない解答に補説を必要とするクイズを行うという学習課題を設定する。

■第3学年：すがたをかえる大豆
　単元名：説明文を予想しながら読み、分かりやすい説明文を書こう
→既習の説明文の題材やその説明の仕方をもとにし、大豆を説明する際に取り上げる観点を検討しながら分かりやすい説明文を書くという学習課題を設定する。

■第4学年：一つの花
　単元名：テーマ読書をして、本の帯にまとめて紹介しよう
→本の帯を使った紹介の観点や言葉を分析し、帯を作る活動への意欲を高めた上で教材との関連から「一つ」をテーマとして読書へ誘い、学習課題を設定する。

■第5学年：天気を予想する
　単元名：新聞や雑誌に掲載された解説の文章を分析しよう
→新聞や雑誌で目にする説明の文章と教科書教材との比較をとおして、その違いなどを概観しながら、学習課題を設定する。

■第6学年：伊能忠敬
　単元名：心に響いた伝記人物を推薦しよう～伝記ブックソムリエにチャレンジ
→どのような伝記人物がいるかを調べ、魅力的な人物を取り上げて読書し、その人物の人生や惹かれる理由などを取り上げて推薦するという学習課題を設定する。

実践例
主体性を高めるための学びへの見通し

〈単元全体の構想〉

1　学　年　第2学年
2　単元名　アーノルド＝ローベルの物語の登場人物を紹介しよう
3　教材名　「お手紙」（東京書籍　2上）
　　※副教材『ふたりはともだち』から「なくしたボタン」「水えい」
　　　　作者の書いたほかの作品『りんごのきにこぶたがなったら』
4　主に付けたい能力
　　○同じ登場人物が主人公として描かれた物語が複数あることを知り、それらの人物像を比べながら読む能力
　　○どのように人物像が描かれているのかを読み、好きな点を紹介する能力
5　単元の構想
【第1次】
　　○同じ登場人物が主人公として描かれた物語が複数あることを知る。
　　○どのように人物像が描かれているのかを読み、好きな点を紹介するという単元全体のめあてをもつ。
【第2次】
　　○主教材での登場人物の行動や言動に着目して人物像を読む。
　　○副教材の登場人物の人物像を主教材の人物像と比べながら読む。
【第3次】
　　○登場人物の人物像から好きな点を選び紹介し合う。

▶ポイント　ゴールを見据えた単元全体の見通しのもたせ方

単元の出口の具体化

　子供が自ら主体的に学びに取り組むようにするためには、学びのゴールが明確であることが必要である。また、学習によって、どのような知識と技能が身に付くのかを、教師だけでなく子供自身も認識することで、より主体的に学ぼうとする意欲が生まれる。

　学習の出口となるゴールを設定する場合、子供の実態に応じて、さまざまなゴールを設定することができる。また、ゴールが変わるとそこに行き着くまでのプロセスも変わる。そこで必要となるのは、子供の実態に応じて、対応できるゴールの姿を教師が多く想定することである。

〈本単元において考えられるさまざまなゴール〜あれこれ〉
○取り上げた教材の主人公たちの紹介
○取り上げた教材全ての中から自分に似ている登場人物の紹介
○取り上げた教材全ての中から一番好きな登場人物の紹介
○がまくん・かえるくんシリーズだけを取り上げての紹介
○「お手紙」で描かれたがまくんとかえるくんの人物像と比べて見つけた似ている点と違う点の紹介

ゴールへの道のり

　身に付けさせたい能力が子供の姿として見えるゴールに向かって学びを進めるためには、そこに向かう道筋となる学習過程を計画することが必要である。学習過程の作成上、考慮したい視点は以下のものである。

○学習へ向けての意欲をどのように高めるのか。
○ゴールに向かってどのような学習を設定するべきか。
○どのような順番・どのような形式で行うか。
○どれくらいの時間がかかるのか。
○ゴールをどのように設定するのか。（場所・時間）

やらされる学習でななく、やってみたい学習にしていくことが必要である。学びの出口と共に、入口についても工夫が必要である。教師は出口となるゴールを想定しながら、子供たちが学びの入口に入りたくなるような仕掛けを工夫しなくてはならない。

〈子供がやりたいと思うようなしかけ〉
○今まで取り組んだことのない学習であること。
○経験のある学習であっても、「表現・目的・相手」を変えること。
○学習したことを伝える相手が、子供たちにとって是非伝えたいと思う相手であること。
○取り組むべきことが明確で、子供たちができると思えること。

▶ポイント　単位時間の見通しのもたせ方

板書の活用～何を・何のために書くのか～

○子どもの学びに役立つ板書（確認・振り返り・修正）
　▼学習のめあての提示……学習のゴールを見通すことのできるめあて
　▼学習内容の整理…………次の学習へのステップを見通すことのできる学習内容の記述
　▼学習のまとめの提示……次時の学習を見通すことのできるまとめ

見通しをもたせるための「めあて」と「まとめ」の工夫

○学習のゴールに何が分かり、何ができるとよいのかが分かるめあて
○分かったこと・できたことがメタ認知できるまとめ

板書は子供と学習の足跡を残すことのできる場であると同時に、見通しをもたせることのできる場でもある。そこで、次ページのようなチェックポイントについて考慮しながら板書を構成することを勧めたい。

学習を見通すことのできる板書チェックポイント

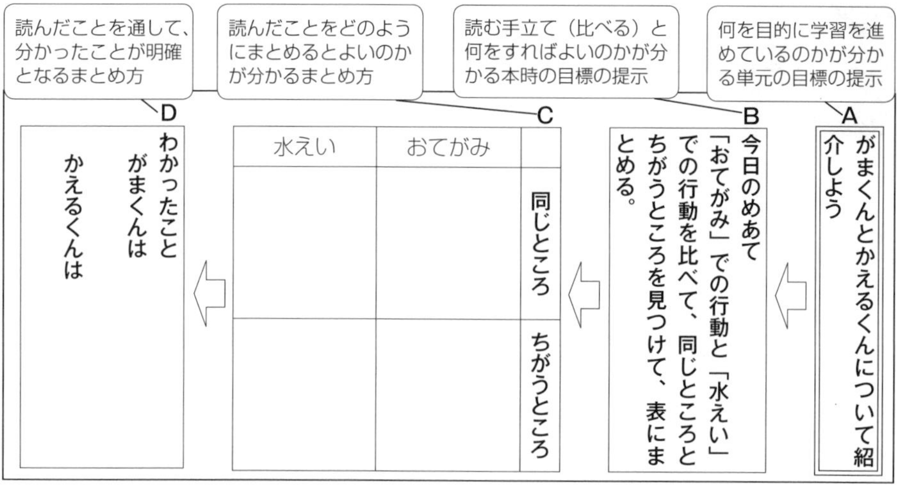

```
┌─────────────────┬─────────────────┬─────────────────┬─────────────────┐
│ 読んだことを通して、│ 読んだことをどのよ│ 読む手立て（比べる）│ 何を目的に学習を進│
│ 分かったことが明確│ うにまとめるとよい│ と何をすればよいの│ めているのかが分か│
│ となるまとめ方    │ のかが分かるまとめ方│ かが分かる本時の目標│ る単元の目標の提示│
│                 │                 │ の提示           │                 │
└────────D────────┴────────C────────┴────────B────────┴────────A────────┘
```

（板書例：縦書き、右から左へ）

A：がまくんとかえるくんについて紹介しよう

B：今日のめあて「おてがみ」での行動と「水えい」での行動を比べて、同じところとちがうところを見つけて、表にまとめる。

C：（表）水えい／おてがみ　同じところ／ちがうところ

D：わかったこと　がまくんは　かえるくんは

子供たちが学習の順序を見通すことのできることを意図した板書例

見通しをもたせるための発問例

T：となりの学級のお友達にがまくんとかえるくんについて、「おてがみ」には書かれていない人物像を紹介するために、どのようなことに取り組みましたか。　　　…発問1：学習のゴール・足跡の確認

C：「なくしたボタン」と「水えい」を読みました。

T：二つのお話の中でのがまくんとかえるくんは、「おてがみ」のなかのふたりと同じ人物像でしたか？　　　…発問2：学習活動の確認

C：同じところも違うところもありました。

T：ほかの人たちはどうですか。　　　…発問3：全体の学習状況の確認

C：わたしも違うところがあると思いました。

C：ぼくは違うところがあるとは気付きませんでした。

T：見つけた人もいますが、違うところに気付かなかったという人もいますから、一緒に確かめてみましょう。まず「水えい」と「おてがみ」のがまくんとかえるくんの同じところを探しましょう。それから、違うところも見つけていきましょう。…発問4：本時の学習内容のまとめ

2 遅れがちな子供への対応

　様々な能力差に対応することは難しい。教師には、それに対して多様な引き出しをもち、それぞれの実態や場面に応じて適切に指導し支援できる力量が求められる。とりわけ、遅れがちな子供が主体的になるための手立てを講じていく術をもちたいものである。そのためには、能力差に応じた習熟度別や課題別の学習の推進、個に応じた教材や教具、ICTの活用、視聴覚機器の準備、ワークシート等の作業の個別化、ヒントコーナーなどの場づくりの工夫など、遅れがちな子供に対する合理的な配慮に基づく指導が必要となる。ここでは、あえて楽しく分かる国語授業の基礎・基本について述べる。楽しく分かる授業こそが、子供に遅れを生じさせない最大のポイントと考えるからである。楽しく分かる授業には感動がある。それに必要な観点をまとめる。

■**主体性〜自己決定の重視**
　国語授業は、ややもすると一問一答による教師中心の授業になりがちである。教師の教材研究に基づく適切な発問がなされても、それに反応する子供の発言は様々であり、この多様な子供の発言を有効に活かしきれないがために深まりのない授業に終わってしまうことが数多くある。これでは、主体的に言葉を学ぶ子供は育成できない。主体性を育むには、子供一人一人の自己決定の機会を重視することである。自分の見方、考え方、方法でその子供なりの追究を大事にし、その結果を子供相互で検討し合うような授業展開が求められる。このことは、学習への意欲や関心のみならず、自己責任の能力を高めることにつながる。

■**確実性〜正しさへのこだわり**
　言葉を正確に理解するのが、国語科の目標の一部である。発音や発声、句読点やアクセント、文字一点一画への配慮等、それらの正確さには特に

気を付ける。子供たちは、間違った文字を書いているのに案外平気でいる場合が多い。これらを正していくためにも教師自らが発言や板書などの正確さに留意し、子供たちの正しい言葉への意識を高めていくことが大切である。

■具体性～一定の型の必要性

　国語授業では取り上げる内容や題材について認識を深めていくことは重要である。しかし、内容や題材について物知りになることだけが国語科の目的ではない。話し方や聞き方、書き方、読み方についての具体的な方法の提示が必要となる。それはただ型を示せばいいというのではない。相手や目的、場面や状況に応じて、型を習得し、それを活用していくことが重要である。型はそうして創造させていくものである。スピーチの仕方、メモの取り方、感想文の書き方、新聞の読み方等、教師自身も一定の型を、獲得できるようにする。

■多様性～多様な言語活動の体験

　言語活動の充実が叫ばれる中、多様な言語活動を通して国語の能力を確かに定着させることが重要である。そのためには教師自身も言語活動そのものの意義を理解するとともに、言語活動を遂行する主体者である子供の側に立ち、その思考や表現の過程をシミュレートすることが大切である。また、学習指導要領に例示されている多様な言語活動を単元に位置付けることが重要である。

■連続性～日常とつながる実感

　国語授業には、連続性が大切である。言葉の教育である国語科は、日常の言語生活とつながっていることを実感できることが重要である。例えば、言葉の意味を調べる活動は、各教科等でも日常的に行われているが、辞書や事典による調べ方やその大切さは国語科で学ぶことである。体験報告の書き方を学ぶことで日常的に日記を書くことの素地が養われる。俳句や川柳、短歌などの作り方のコツを知るとそれを親しむことへとつながり、言語生活を豊かにすることができる。

実践例
学ぶ意欲向上と個別化に対応する手立て

〈単元全体の構想〉

1 学　年　第2学年
2 単元名　ビーバーのすごいところをさがしながら読み、しょうかいしよう
3 教材名　主教材　ビーバーの大工事（東京書籍　2下）
　　　　　副教材　たくさんのふしぎ傑作集『こんにちは　ビーバー』
　　　　　　　　　佐藤英治　文・写真　福音館書店
4 主に付けたい能力
○書かれている内容について、順序よく読む能力
○もっと知りたいと思うことについて、本にかかれている文章や写真から選んで読む能力
5 単元の構想
【第1次】
○題名から、ビーバーの行動について興味をもつ。
○ビーバーについて自分がすごいと思うことを紹介し合うという単元全体のめあてをもつ。
【第2次】
○主教材を読み、ビーバーの行動から紹介したいすごいと思うことを見付けながら読む。
○主教材を読み、もっと知りたいと思うことを副教材にかかれている文章や写真から読む。
【第3次】
○ビーバーについてすごいと思ったことを紹介し合う。

▶ポイント　興味・関心を高めるための教材提示の工夫

　どの学年であっても、学習の中心となるのは教科書教材である。どの子供たちも興味をもって学習に向かうことができるようにするためには、教材をどのように提示するのかといった工夫が必要となる。

　本単元では説明的な文章を取り上げて学習を行う。説明的な文章では科学的な分野のことや自然の不思議などが多く取り上げられている。低学年の子供たちは動物や植物といった身近に感じることのできる対象に興味をもつことが多い。そのため今回取り上げる主教材は、たくさんの子供たちが知っている動物であるが、その生態についてはあまりよく知られていない動物である。子供たちは知っていると思っていたのに、実は知らないことがあることを知ると興味を示すものである。このような子どもの実態を把握し、目の前の子どもたちが読みたいと思う教材を教師自身が選択し提示することが必要である。

　主教材として取り上げる文章は、全員が共通に読むものであるため、子供一人一人の能力ごとに異なるものを提示することはできない。全員が読むものとして、以下の2点について吟味して意図的に取り上げる必要がある。

> ○子供たちが知りたいと思う内容を取り上げること。
> ○子供たちにとって、これまで知ることのなかった、新しい感動を生む文章を取り上げること。

　上記のことをふまえた上で、教材を共に読みながら、子供たちが気付くことのできない内容のおもしろさに着目できるような問いかけをしていくことが効果的である。

子供たちを学びの世界に引きつけることを目的とした発問〜導入の場面〜

T：みなさんはビーバーという動物を知っていますか。
　　（発問1：教材への興味を引き出すための問いかけ）
C：知っています。
T：どんなことを知っていますか。
　　（発問2：お互いの知識を共有し、興味の幅を広げるための問いかけ）

C：ダムを作ります。
C：丈夫な前歯があります。
T：そうですね。実は、ビーバーの巣には、家族を守るためのすごい工夫が隠されているのを知っていますか。また、ビーバーの身体にも身を守るためのすごい秘密があるのを知っていますか。
　（発問３：知らないことがあることを認識することで、もっと知りたいと思えるようにするための問いかけ）
C：知りません。
T：ビーバーのすごい工夫。一緒に探してみましょう。
　（発問４：子供の興味関心を引き出した上での、学習に向かう思いを高めるための問いかけ）

▶ **ポイント　一人一人が「できた・分かる」を実感することのできる手立て**

　子供たちの学びを充実させるためには、一人一人の学びの実態を把握し、適切な指導を行うことが必要である。そのためには、以下のような視点で子供たちを見ることが重要である。

教師が気を付けたい視点

その１　学びの目的に応じて、「何を知り、何ができなくてはならないのか」を教師が明確にすること

⬇

その２　子供たち全員が同じ学びに向かうための発問・提示資料・学びの方向を示すワークシートの工夫

⬇

その３　子供一人一人が学びを成就することのできる個の実態に応じた指導方法を複数考えること

　上記のように、子供たちの実態を把握した上で、付けたい能力を視野におくと同時に、学びの定着状況に合わせて複数のワークシートを提示することが効果的である。学びの目的を子供たちが明確にもち、進度が遅れがちな子

供たちも「できた・分かる」を実感することができるように心がけなくてはならない。

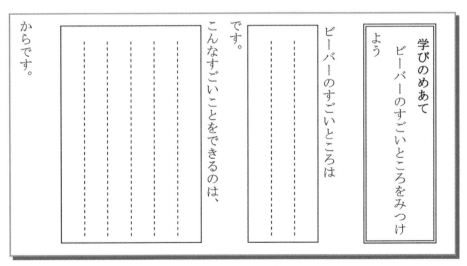

その1　書かれている内容を言葉の役割に気を付けて順序よく読むことを意図したシート

その2　書かれている内容を読み、伝えたいことをまとめることを意図したシート

3 試行錯誤や思考の停滞への対応

　子供たちの学びの過程において試行錯誤や思考の停滞はよくみられることである。主体的に学ぶためには、この点を重要視したい。しかし、授業場面において子供たちのそれらの状況を目の当たりするとき、教師はその場や時間をどれほど大切にしているのかと疑問に思うことがある。例えば、教師の発問に対する子供たちの挙手や反応が少ないとき、子供たちに試行錯誤や思考の停滞が生じている。その際、教師は子供の側に課題があるかのような対応や措置をとる場合がある。「どんなことでもいいから、分かったことを発表しましょう。」「もう一度、話し合ってみましょう。」と促しても活性化しないときはどのようなときであろうか。子供が挙手できないとき、活発に活動できないとき、教師の発問や指示、課題、板書を改めて見直すと、それらがあまりにも複雑であったり、抽象度が高かったりする場合が多い。子供が、何をどう答えたらよいか分からず、思考を混乱させてしまうような発問や指示、板書は慎むよう努力しなければならない。子供たちの反応に合わせて、できるだけ簡潔明瞭な発問や指示をする必要がある。それを検討することが指導事項の精選であり、評価との一体化にもつながる。

　教師は意図的に子供たちに試行錯誤や思考の停滞を巻き起こすことも必要である。その際には子供の反応を予想し、それに対しての手立てを考えておくことが重要である。教師の発問や指示に対する性急な反応を常に求めるのでなく、意図的に子供たちと共に立ち止まって、深くじっくり考えさせる場や時間を用意することが大切である。

次は、思考の型や枠組み、観点を与える教師の発問・指示の一部である。

■**観点**
・「こんな点から考えると何が分かるかな。その次はこの点から考えてごらん。」

■**比較**
・「これとこれを比べてみよう。分かったことと考えたことを分けてごらん。」

■**関連・統合**
・「これとこれとを結び付けて考えると、どんなことが分かるかな。」

■**理由・根拠**
・「理由や根拠をいくつ挙げられますか。」

■**目的・立場・位置**
・「立場、目的、相手が変わってもそれで伝わるかな。」

■**条件**
・「示した条件を合わせて説明してみよう。三つに絞って説明してごらん。」

さらに、次のような思考を促す具体的な語彙を示すことも重要である。

■**演繹的思考**
　・前は〜だったので（けど）、これも（これは）…〈比較〉
　・たとえば…〈具体化〉

■**帰納的思考**
　・これらから、きまりを見付けると…

■**統合的思考**
　・同じ（違う）ところは…〈分析〉　・まとめると…

■**発展的思考**
　・もしも〜だったら…　　・もっと分かりやすいのは…

■**一般化の考え方**
　・全部に言えることは…　　・…を当てはめてみると…
　・図表やグラフで考えると…

このような思考の型や枠組み、観点、語彙を子供が発達段階に応じて活用できるようにすることも大切である。

実践例

思考や判断を活性化させるプロセスの重視

〈単元全体の構想〉

1 **学　年**　第4学年
2 **単元名**　みんなで音読劇をしよう
3 **教材名**　「木竜うるし」（東京書籍　4下）
4 **主に付けたい能力**
　○登場人物の人物像や気持ちの変化、情景の移り変わりについて、会話文から想像しながら読む能力
　○場面の様子がよく分かるように音読する能力
5 **単元の構想**
【第1次】
　○劇を行う時に脚本という文章があることを知り、みんなで音読劇をしようというめあてをもつ。
【第2次】
　○音読劇を行うために、場面の移り変わりや登場人物の人物像についてト書きや会話文から読む。
【第3次】
　○分担を決め、音読劇を行う。

Part 5

▶ポイント　意図的な思考の場面・判断の場面の設定

脚本を書き換えるという学習の展開

　本単元では、「木竜うるし」という劇の脚本を取り上げて学習を進める。この学習の意図するところは、叙述をもとに想像しながら読んだり、書かれていることを正しく音読したりする能力の育成である。これらの能力を養うために、意図的に脚本を書き換えるという学習を設定する。脚本を読みながら、場面の様子がより一層聞き手に伝えるためには、どのようにすべきかを子供たちが主体的に考えるようにする。そして、ト書きや会話文を書き換えることが効果的であることに自ら気付くようにする。

脚本を書き換えるという必要性を実感できるような発問

T：これから「木竜うるし」の脚本を先生が音読します。同じ場面ですが、少し違う脚本を読みます。どちらの方が場面の様子や登場人物の心情が分かるかどうか考えながら聞いて下さい。

> 発問１：子供たちが明確な課題をもって聞くことができるようにする。「比較しながら聞く」という方法を提示することによって、聞く構えができるようにする。

脚本A

一　深いふちのそば
権八　こら藤六。
藤六　あいよ。
権八　おめえののこぎりをかせ。
藤六　おらのはちっとも切れん。
藤六　あいよ。
☆二人、しばらく切っている。
権八　やい藤六。
藤六　あいよ。
権八　おらの切ったえだも、みんなおめえがしょって山を下りるだぞ。
藤六　なんでや？
権八　おめえののこぎりで切っただ。えだだ。おめえが運ぶのがあたりまえでないか。
藤六　あいよ。
☆と言ってすぐにとりかえてやる。
☆それから二人は、しばらく枝を切っている。

脚本B

一　深いふちのそば
☆枝を切っていた権八だが、しばらく藤六を見つめ、こうきりだした。
権八　こら藤六。
☆藤六は手をとめずにズイコズイコとのこぎりを動かしながら
藤六　あいよ。
☆と、返事をした。
権八　おめえののこぎりをかせ。
藤六　おらのはちっとも切れん。
☆権八を見つめていた藤六は、納得したようにうなずいて、
藤六　あいよ。
☆と言ってすぐにとりかえてやる。
☆それから二人は、しばらく枝を切っている。

出典：木下順二「木竜うるし」（東京書籍４下、p.130〜131）

T：脚本ＡとＢを音読しましたが、どちらの方が場面の様子や登場人物の心情が分かりましたか？
C：脚本Ｂです。
T：それはどうしてですか。

> 発問２：自分の考えの理由付けを促し、意図を明確にすることができるようにする。

C：脚本Ｂには、説明がありました。
T：何の説明ですか。
C：２人の様子です。
T：では、ＡとＢの両方の脚本を渡します。比べながら読んで下さい。

> 発問３：自分の考えを確かなものにするために具体物で確かめることができるようにする。

（脚本の配布・読み比べ）
T：脚本の中で、会話以外の説明の文はト書きといいます。☆の印をつけているところです。みなさんはト書きの文がある方が分かるということに気付いたのですね。

> 発問４：子供たちそれぞれの考えを一般化し、子供たち一人一人が理解できるようにする。

▶ **ポイント　思考を促し停滞から脱却できるようなシートの提示**

　脚本を書き換えるという学習を設定することで、試行錯誤の場が設定されるが「どのようにするとよいのか、分からない。」という思考が停滞する状況になることが予想される。そのような場を想定し、教師が事前に書き換えた脚本を複数用意し、分かりやすい方を選択するという学習を行うことが分かりやすさを自覚化するために効果的である。脚本ＡとＢの提示は、「違いに気付かせる・確かめると」といった意図で用いると効果的である。

また、脚本を子供たちが書き換える場合は、次に示すようなシートを活用しながら、子供たちの実態に合わせて指導することが重要である。

　シートＡとシートＢの違いは、場面を想像するための手立てとなる情報量の違いである。シートＡのように前後のセリフのみで場面の状況を想像してト書きを書き加える場合、登場人物の人物像の設定もある程度読んでおくことが必要となる。

　一方、シートＢは、ト書きの部分もある程度示すことによって、前後のセリフとト書きで説明されている状況の様子を考えて、ト書きを書き加えることができる。子供たちの実態に即して、「何が・どのようにできること」を狙った学びなのかを再考してシートを作成することが必要である。

シートＡ　□にト書きを書こう
☆声の調子・様子や音・行動の様子
一の場面　深いふちのそば

☆
権八　こら藤六
☆
藤六　あいよ
☆
権八　あめえののこぎりをかせ。おらのはちっとも切れん。
☆
藤六　あいよ。
☆

シートＡの意図…前後のセリフから想像して書き加える

シートＢ　（　）に言葉を足そう
一の場面　深いふちのそば

☆枝を切っていた権八だが、しばらく藤六を見つめ、（声の調子）
権八　こら藤六
☆藤六は手をとめずにのこぎりを（様子や音）と動かしながら
藤六　あいよ
☆と、返事をした。
権八　あめえののこぎりをかせ。おらのはちっとも切れん。
☆権八を見つめていた藤六は、（行動の様子）、
藤六　あいよ。
☆と言ってすぐにとりかえてやる。それから二人は、しばらく枝を切っている。

シートＢの意図…前後のセリフやト書きから想像して書き加える

習得したことの自覚化と共有化

　全国調査のＡ問題とＢ問題の相関関係に注目すると、小学校、中学校共に、そして国語、算数・数学両教科において、同じような傾向が見られる。それは、Ｂ問題の正答率が高い子供は、Ａ問題の正答率も高いのに対し、Ａ問題の正答率が高くても、必ずしもＢ問題全体の正答率が高いとは言えない。Ａ問題ができてもＢ問題には歯が立たないという状況もある。習得した知識や技能の足し算が順調に活用する力に転移するとは言い切れないのである。習得したことは時を経ると剥落することも多い。習得したことを自覚化させ、それを国語授業の中で、そして国語教室という空間の中で共有化を図ることが大切である。

　具体的には、単元及び一単位時間の終末段階における学びのまとめの充実を図ることである。国語授業という冒険のプロセスを次のような言葉を通して振り返り、伝え合うことができるような指導が大切であると考える。

○はじめは……と考えていた。しかし、今は……と考えている。それは、……といった面から検討したからである。
○この学びを通して、……という意味がやっと分かった（……という大切さに気付いた）（……という考えに変わった）。
○先生や○○さんの意見や助言を参考にして、……したところ、……であった。そのことについて、……と考えている。
○ここまではできた。しかし、ここはもう少しだった。だから、今後は……。

筆者が関わったA小学校では、全学年で「ことばのお宝帳」といった資料を作成し、学びの転移と汎用性を重視している。国語科のみならず、各教科等や言語生活における「話すこと・聞くこと」、「書くこと」、「読むこと」の中での活用が期待できるものである。この実践は、学びの転移と汎用性の観点を踏まえ、子供の学びの出口における成果の実感を重視する取組である。各教科等の学習指導にも参考にできる。次は、話合いに関する一例である。

第1・2学年	第3・4学年	第5・6学年
尋ねたり応答したり、グループで話し合って考えを一つにまとめたりすること。	学級全体で話し合って考えをまとめたり、意見を述べ合ったりすること。	調べたことやまとめたことについて、討論すること。
問答形式が中心	協議が中心	討論が中心

話合いの形態

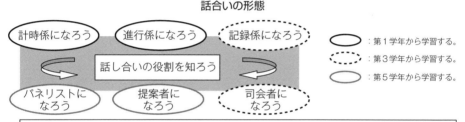

〈指導のポイント〉
①学級全員が役割を経験するため、15分程度の帯単元で取り扱う。
②国語科を中心に各教科においても、年間指導計画に話し合う活動を位置付ける。

話合いでの役割

話合いの進め方～中学年編～

実践例

習得の自覚化と共有化を図る振り返りの重視

〈単元全体の構想〉

1 　学　　年　　第5学年
2 　単元名　　宮沢賢治の作品のおもしろさの秘密を解き明かそう
3 　教材名　　「注文の多い料理店」(東京書籍　5)
　　　　　　　副教材　「雪わたり」
4 　主に付けたい能力
　○物語の展開や登場人物の相互関係や心情を表す場面についての描写を捉えて読む能力
　○物語のおもしろさについて読んだことを伝え合うことを通して自分の考えを深める能力
5 　単元の構想
【第1次】
○宮沢賢治という作家の生き方や作品について知り、興味をもつ。
○宮沢賢治の作品を読み、そのおもしろさの秘密について解き明かそうという目的をもつ。
【第2次】
○「注文の多い料理店」「雪わたり」を登場人物の相互関係や心情の変化の様子を観点にして読む。
○二つの作品を比べて読み、共通点や相違点を捉える。
【第3次】
○宮沢賢治の作品のおもしろさについて語り合う。

▶ポイント　視点を明確にした振り返りの場

一単位時間の中で、「何を自分が分かったのか、できるようになったのか」を自覚することは、子供たちにとって自信になるばかりでなく、次の学習に向けての意欲を高めることにつながる。そのためには、学習のめあてを達成することができたのかを具体的にはかることのできる授業内容に応じた活動項目を示すことが効果的である。

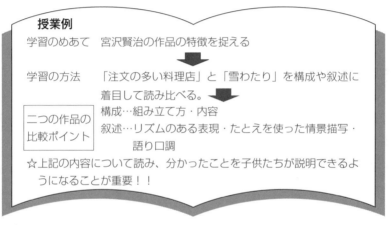

授業例

学習のめあて　宮沢賢治の作品の特徴を捉える

学習の方法　「注文の多い料理店」と「雪わたり」を構成や叙述に着目して読み比べる。

二つの作品の比較ポイント
構成…組み立て方・内容
叙述…リズムのある表現・たとえを使った情景描写・語り口調

☆上記の内容について読み、分かったことを子供たちが説明できるようになることが重要！！

そのために、次のような内容をワークシートやノートに盛り込み学習のまとめの場面で周知することが効果的である。

シートやノートに盛り込みたい本時のチェック項目

学習項目	調べたこと	わかったこと・できたこと
物語の構成	「注文の多い料理店」現実の世界と不思議な世界の構成について	「注文の多い料理店」は四つの場面に分けることができる。 一の場面：現実の場面 二の場面：不思議な世界 三の場面：不思議な場面 四の場面：現実の場面
	「雪わたり」現実の世界と不思議な世界の構成について	「雪わたり」は、大きく二つの場面に分かれているが、両方とも不思議な世界を描いている。

物語の叙述	「注文の多い料理店」特徴的な言葉	音や様子を表す言葉 ザワザワ・かさかさく・ゴトンゴトン・どうっと・くしゃくしゃ
	「雪わたり」特徴的な言葉	音や様子を表す言葉 ぎらぎら・ぴかぴか・キックキックキック・キラキラキラキラ・キシリキシリ

習得したことを共有化するための振り返りの場

　学習を通して、それぞれが習得した知識や技能を全体で共有することによって、学びを高めたり広めたりすることができる。そのためには、学習のめあてを達成するための具体的な学びの内容が明確であることが必要である。そして、学びの内容を確認し共有することのできる全体交流の場を設けることが効果的である。そこで重要なのは、個々の学びを共有化するための教師の発問である。

読んだことをもとに作品の特徴についてやりとりをしている場面

T：「注文の多い料理店」と「雪わたり」の構成を比べてみて、分かったことは何ですか。

C：「雪わたり」は二つに分かれていて、見出しがついています。でも「注文の多い料理店」は、実際には分かれていません。でも、場面が変わるので四つに分けることができました。

T：同じことに気付いた人はいますか。

C：はい。「注文の多い料理店」は現実場面と不思議な場面に分けられます。

T：「雪わたり」はどうですか。

C：両方とも不思議な場面です。

T：現実の場面と不思議な場面というように、分けることができる理由を本文から見つけ出し、4グループで話し合って下さい。

> 発問1：個々の読みを共有しながら、根拠となる理由を叙述から協力して見出すことを意図した発問

T：理由を教えて下さい。

C：宮沢賢治のこの二つの物語には動物が登場しますが、それぞれ、動物でありながらも人間のような設定になっており、人間と会話したり交流したりしています。

T：それぞれの物語ではどうですか。

C：「雪わたり」は一の場面も二の場面もきつねの子が登場しているので、不思議な世界だと思います。「注文の多い料理店」は物語の始めと終わりが現実世界です。

T：二つの物語を比べてみて何が分かりましたか。

| 発問2：自分の学びをメタ認知し自覚できることを意図した発問 |

C：現実の世界と不思議な世界を行ったり来たりすることで、自分たちも不思議な気持ちになりました。

C：知らないうちに不思議な世界に入っているのがおもしろいです。

T：今度物語を読むときにどのようなことが役に立ちそうですか。

| 発問3：自分たちの学びを次の学習で活用できることをメタ認知すると共に、全体で周知することを意図した発問 |

C：不思議な世界の物語なのか現実の世界なのかを考えて読むと、読み方が変わります。

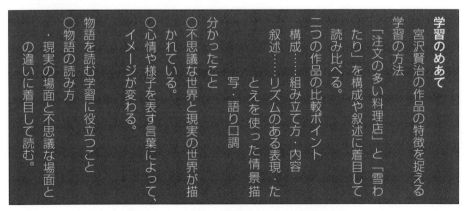

習得したことの自覚の場面と共有化の場面を板書

5 実生活や実社会での言語体験の充実

　体験とは、文字どおり、自分の身体を通して実地に経験することである。人は、いろいろな感覚器官を通して、外界の事物・事象に働きかけ、学んでいく。具体的には、見る（視覚）、聞く（聴覚）、味わう（味覚）、嗅ぐ（嗅覚）、触れる（触覚）といったいろいろな感覚を働かせて、あるいは組み合わせて、外界の事物や事象に働きかけ、学んでいく。このように、子供たちが身体全体で対象に働きかけ関わっていく活動が体験である。体験には、自分自身が対象となる実物に実際に関わっていく直接体験のほか、写真やテレビなどの媒体を介して感覚的に学びとる間接体験、さらに模型やシミュレーションなどを通して学ぶ疑似体験がある。これらの中で、とりわけ直接体験の充実を図ることが大きな課題となっている。これらの体験については、国語科では言葉を通したものとして捉える。また、体験の内容が言葉によって伝達されるだけでなく、体験を通した喜びや意味、価値なども含めて、それらが言葉によって享受されるという価値を認識することが大切である。

　国語授業における体験とは、「話すこと・聞くこと」、「書くこと」、「読むこと」による言語体験であると言える。古典などの鑑賞体験や劇活動などが学校内で行われる言語文化の体験になる。さらには、各教科等での説明や解説、発表、話し合いなどの体験を自覚的に運用することや、まとまった一連の課題探求過程をたどることによって、説明したり発表したりする言語体験などが得られる。それらの具体については、学習指導要領の小学校・中学校・高等学校（国語総合）において各領域における言語活動を示している。それぞれの系統性についても検討することが重要である。その際、前述したように、習得、活用、探究のサイクルを重視する単元の出口において、学んだことが教科内のみならず、各教科等や実生活などに生きて働く能力として

定着していくことが望まれる。そのためには、習得した知識や技能をどのような場面で活用できるかということについて、子供たちが自覚できるような学習指導が必要である。つまり、学びの転移と汎用性を重視することである。

次に、国語科のみならず、各教科等の学習や言語生活においても活用できる生きて働く国語の能力の一部を挙げる。

> ○司会力（各教科等において、小集団や全体で司会をする）
> ○質問力（各教科等において、疑問を思ったことを伝える）
> ○感想力（各教科等において、思ったことや考えたことを伝える）
> ○説明力（各教科等において、事実や方法、理由や根拠を説明する）
> ○考察力（各教科等において、事実や結果の分析をもとに、考えたことを明確にする）
> ○記録力（各教科等において、大事なことをメモやノートなどに書き留めたり、まとめたりする）
> ○語彙力（各教科等において、漢字などの読み書きも含めて、大切な言葉や用語、定義を数多く獲得する）
> ○編集力（各教科等において、情報を収集、選択、加工、編集する）

国語科における言語活動を通して習得した知識や技能（話す力、聞く力、書く力、読む力など）が、小学校段階から中学校段階へ、そして高等学校段階、さらに大学段階へと発達に応じて系統性をもって、そして螺旋的・反復的に向上していくことが求められる。加えて、各教科等や実生活を含む様々な文脈（相手、目的、場や状況）において、有機的に活用できることを射程において指導することが重要である。学びの文脈には、学びに向かう刺激が必要である。日常的に繰り返される言語生活や広く社会の中で生きていく言語生活との関連を国語授業の中で意識できるようにすることが重要である。

実践例
自分の読みの形成と交流による読みの深化

〈単元全体の構想〉

1　学　年　第６学年
2　単元名　「生きる」ことについて考えよう
3　教材名　「君たちに伝えたいこと」（東京書籍　6）
4　主に付けたい能力
　○随筆を読み、書かれている内容を的確に押さえながら、自分の考えを明確にする能力
　○随筆を読んで考えたことを伝え合うことで、自分の考えを広げたり深めたりする能力
5　単元の構想
【第１次】
○随筆「君たちに伝えたいこと」を読み、感想をもつ。
○筆者が伝えたいと思っていることに対して意見を交流するという目的をもつ。
【第２次】
○筆者が捉えている大切なものについて意図を捉える。
○筆者の思いや考えについての自分の意見をまとめる。
【第３次】
○自分の思いや考えを交流し合う。

Part 5

▶ **ポイント　自分の考えをもち、他者と交流するまでのプロセスの明確化**

「自分の思いや考えを明確にもって伝える」ということは、これから子供たちが生きていく中で、遭遇することである。それは、学校の中の学習場面だけでなく、実生活の中でも起こりうることである。

本単元では、日野原重明さんが書かれた随筆を取り上げ、日野原さんが大切に思っていることを読みながら、自分の考えを明確にもち、伝え合うという学習過程を設定している。このように、何らかの課題について自分で考え、他者に向けて発信することは、社会で生きていく上で必要なことである。

本教材は、6年生が学習する最後の教材である。小学校を卒業し、新しい世界に飛び立つ子供たちに、生きていくうえで大切にしたいことを改めて考え、お互いの考えを伝え合わせることのできる教材である。

「自分の考えを明確にもって伝える」ための手立て

プロセス1　筆者の思いや願いを叙述から捉える

本教材は四つの段落から構成されている。それぞれの段落に筆者が読み手に伝えたいことが書かれている。そのため、それぞれの段落ごとに書かれている筆者の思いや願いを捉える必要がある。そこで、段落の中から、筆者の思いが最も強く書かれている文を見つけることが重要となる。

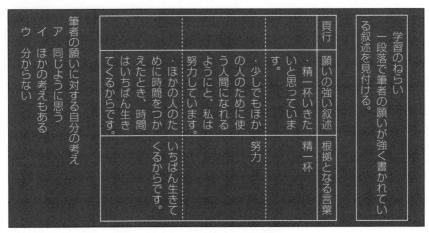

考えをまとめるための板書例

プロセス2　自分の考えをどのようにしてもてるようにするか

　自分の考えをもつということは、難しいものである。「自分の考えをもちなさい」と様々な場面で子供たちに問いかけるが、思うような反応が出てこないことがある。そこで反省しなくてはならないのが考えをもつための手立てを示しているかということである。本授業では、板書の最後に

> 筆者の願いに対する自分の考え
> 　　　ア　同じように思う　　イ　違うと思う　　ウ　分からない

という考えをもつ際の三つの視点を示している。考えをもつために、筆者の考えに対して、「同じ」「違う」「分からない」という判断をし、その理由を述べるようにしていくことで、自分の考えをまとめるための一歩となる。

プロセス3　自分の考えを広げたり深めたりするためにどうするか

　まずは、学習の中で「広げる」とは「深める」とはどうあればいいのかを明確に捉えることが必要である。本教材の指導においては、次のような捉えをしたい。

> 広げる……自分の考えを他者に聞いてもらったり、他者の考えを聞いたりすること。
> 深める……自分の考えと他者の考えを比べ、同じところや違うところを見つけ、同じと考えた理由やなぜ違うのかの理由を交流を通して明らかにすること。考えをもてない（分からない）場合は他者の考えを聞き、納得のできる考えを見つけること。

　広げ、深めるためには、他者との交流が不可欠である。その際、次のような学習の形態が考えられる。

> ペア学習………傍観者を作らず、一人一人が必ず考えをもち、交流する場合
> グループ学習…短い時間で複数の考えを交流する場合。もしくは、考えをまとめる場合

> 全体での学習…多くの考えを交流し自分の考えと同じ考えがあることや、異なる考えがあることに気付かせたい場合

　学習のねらいや子供たちの実態に応じて、学習の形態は柔軟に変える必要がある。どの形態にあっても、重要となるのは次の要素である。

> 自分の考えを伝えるための順序と内容

　自分の考えを伝えることができるようにするためには、まず、考えを伝えるための順序を子供たちが理解し活用できるような形式を示すことが必要である。考えの伝え方①は自分の考えを明確にもち、その順番のみを指導しなくてはならない場合に活用できる。一方、考えの伝え方②は自分の考えを明確にもたせることを意図したものである。このように必要に応じて子供に示す教材を工夫することが重要である。

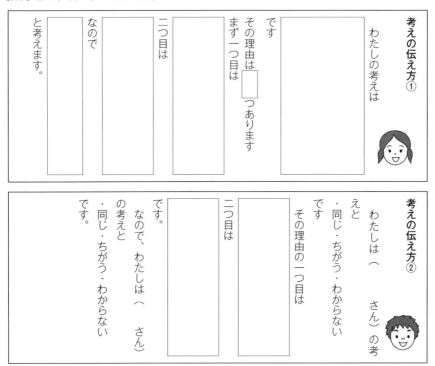

おわりに

　学校では、「改善」という言葉を容易に使う。「なぜ、授業を変える必要があるのか」という根源的な問いかけが必要である。その答えは、眼前の子供たちが教えてくれるに違いない。とりわけ、子供たちの内なる声に耳を傾けてもらいたい。一人一人が感じる難しさ、そして苦しみに寄り添うことを私たち教師は忘れてはならない。子供の視座から授業改善は始まる。

　全国調査の児童質問紙の中に、「国語の勉強が好きですか」という項目がある。平成27年度の結果（公立）は、「当てはまらない」13.5%、「どちらかといえば当てはまらない」25.2%である。約４割の６年生は、既に国語嫌いになっている。楽しいはずの国語に何が不足しているのだろうか。全国調査結果に関連して、国語科指導において次のような内容が成果を上げている。

○考えを発表する機会を与える指導
○調べたことや考えたことを分かりやすく文章に書かせる指導
○資料を使って発表させる指導
○国語の指導として書く習慣や読む習慣を付ける指導
○家庭学習に関する指導（調べたり文章を書いたりする宿題を出すなど）

　これらのことから、国語授業の中で一人一人の考えが大切にされ、その表出に関する教師の意図的な指導が行われていることが推察できる。さらに国語科での学びの習慣化や日常化を図ることの重要性が示唆される。成果を上げている学校の子供たちのアクティブに学んでいる姿がイメージできる。

　これからの予測困難な時代を生きていく子供たちに対して、生涯学び続け、どんな環境でも答えのない問題に最善解を導くことができる能力を育成することが重要である。次世代への使命感をもち、こうした学力観に立脚した、自立・協働・創造を志向する子供像を描きたい。子供の視座を重視した学びの文脈を創る、アクティブ・ラーニング型国語教室・国語授業の展開に更に意を用いたい。そのために、私たち教師こそがアクティブ・ラーナーであり続けたいものである。

　2016年６月

樺山敏郎

引用・参考文献

注1　文科省『教育課程企画特別部会　論点整理』2015
注2　樺山敏郎『実践ナビ！言語活動のススメ　モデル30』明治図書　2013
注3　樺山敏郎『実践ナビ！言語活動のススメ　教科書授業Wプラン』明治図書　2015
注4　樺山敏郎『本当の学力を付ける！小学校国語科授業＆言語活動プラン30』明治図書　2015
注5　佐藤浩一『学習の支援と教育評価－理論と実践の協同』北大路書房　2013

【編著者紹介】
樺山　敏郎（かばやま　としろう）
公立小学校教諭、教頭、教育委員会指導主事を歴任後、2006年4月より9年間、文部科学省国立教育政策研究所学力調査官兼教育課程調査官として小学校国語を担当。
2015年4月より大妻女子大学家政学部児童学科准教授。
〈主な著書〉
『実践ナビ！言語活動のススメ　教科書授業Wプラン　低学年編』
『実践ナビ！言語活動のススメ　教科書授業Wプラン　中学年編』
『実践ナビ！言語活動のススメ　教科書授業Wプラン　高学年編』
『本当の学力を付ける！小学校国語科授業＆言語活動プラン30』
『実践ナビ！言語活動のススメ　モデル30』
（以上、明治図書）

【執筆者紹介】
樺山　敏郎　同上（Part 1・Part 3～5 理論）
田沼　政志　茨城県結城市立結城小学校（Part 2）
柴山　文枝　茨城県結城市立結城小学校（〃）
加藤木　俊　茨城県結城市立結城小学校（〃）
甲斐　純愛　茨城県結城市立結城小学校（〃）
野村菜穂子　茨城県結城市立結城小学校（〃）
熊倉　貴子　茨城県結城市立結城小学校（〃）
尾﨑　裕樹　鹿児島県鹿児島市立吉野小学校（Part 3 実践例）
渋谷　渉　　北海道網走市立網走小学校（Part 4 実践例）
庭田　瑞穂　青森県黒石市教育委員会指導主事（Part 5 実践例）

国語授業アイデア事典
深い学び・対話的な学び・主体的な学びの過程を重視した
小学校国語科アクティブ・ラーニング型授業
スタートブック

2016年7月初版第1刷刊　Ⓒ編著者　樺　山　敏　郎
2016年9月初版第2刷刊　　発行者　藤　原　光　政
　　　　　　　　　　　　　発行所　明治図書出版株式会社
　　　　　　　　　　　　　http://www.meijitosho.co.jp
　　　　（企画）木山麻衣子（校正）坂元菜生子・広川淳志
　　　　〒114-0023　東京都北区滝野川7-46-1
　　　　振替00160-5-151318　電話03(5907)6702
　　　　　　　　　　　　　　ご注文窓口　電話03(5907)6668
＊検印省略　　　　　　　　組版所　藤原印刷株式会社
本書の無断コピーは、著作権・出版権にふれます。ご注意ください。

Printed in Japan　　　　　　ISBN978-4-18-252013-6
もれなくクーポンがもらえる！読者アンケートはこちらから →